AF554183

Capitaine PIERRE FÉLIX
Commandant la 6e Compagnie du 22e d'Infanterie
Camp de Sathonay

Deux Cas de Conscience

Les Catholiques français, l'Affaire Dreyfus et l'Action Française.

Ense et calamo.

EN VENTE
CHEZ L'AUTEUR, au Camp de Sathonay (près Lyon)
(Franco, contre 1 fr. 50 en mandat ou bon de poste)

1911

Deux Cas de Conscience

Capitaine PIERRE FÉLIX
Commandant la 6e Compagnie du 22e d'Infanterie
Camp de Sathenay

Deux Cas de Conscience

Les Catholiques français, l'Affaire Dreyfus et l'Action Française.

Ense et calamo.

EN VENTE
CHEZ L'AUTEUR, au Camp de Sathonay (près Lyon)
(Franco, contre 1 fr. 50 en mandat ou bon de poste)

1911

DU MÊME AUTEUR

Profession de foi du Vicaire auvergnat, précédée de celle de M. Joseph CERISIER, financier notoire et coquin estimable. 1 vol. in-16. **3 fr. 50**

La Contre-Révolution. Essais sur les principes fondamentaux des gouvernements. 1 vol., in-8, de 550 pages. **7 fr. 50**

L'Equivoque démocratique, préface de Paul BOURGET, de l'Académie française, 1 vol. in-16. . . . . **2 fr.**

L'Avancement des officiers par le vote, jolie plaquette, petit in-octavo. . . . . **1 fr.**

L'Utopie jaune. La nouvelle monarchie. (Etude sur l'accession des ouvriers à la propriété et la participation aux bénéfices. Le chapitre de la nouvelle monarchie est consacré, en attendant un travail plus complet, à la réfutation sommaire des doctrines royalistes et à la manière dont pourra s'organiser le gouvernement de la France en dehors des partis d'ancien régime). Brochure in-16. . . . **1 fr.**

Nouvelles conférences sur l'Histoire, à l'usage des officiers professeurs et conférenciers, des membres de l'enseignement, des régiments et des cours d'adultes, brochure in-16 . . . . **1 fr.**

Pour paraître successivement *dès que l'auteur aura trouvé un éditeur ou que l'augmentation de la solde des capitaines lui permettra de payer son imprimeur par traites échelonnées.*

Pax. Réponse à Joseph de MAISTRE, Ferdinand BRUNETIÈRE, Emile FAGUET, Paul BOURGET et Maurice BARRÈS. 1 vol. (En souffrance depuis 2 ans, œuvre de fond, et très probablement, *sûrement même*, un chef-d'œuvre). . **3 fr. 50**

Vers les cimes. Roman magnifique ou idiot, suivant le point de vue. 1 vol. . . . . **3 fr. 50**

Dans le Royaume des Pingouins. Roman faisant suite à la présente brochure « **Deux cas de conscience** ». 1 vol. . . . . **3 fr. 50**

Le Conflit. Roman politique très intéressant, un peu bête au commencement et quelque peu ennuyeux à la fin, mais il reste le milieu. . . . . **3 fr. 50**

Il y en a d'autres en train.

AVERTISSEMENT

Bien que les officiers français jouissent maintenant du droit d'écrire, dans les mêmes conditions que les autres citoyens, je tiens à conserver le bénéfice acquis par mes publications antérieures,(*voir le verso de la première page*) alors que ce droit n'existait point, et parues sous le pseudonyme figurant en tête de cette brochure, au même titre, d'ailleurs, que beaucoup d'hommes de lettres n'écrivant pas sous leur vrai nom. Mais afin qu'on ne croit point que je veuille dissimuler ma personnalité et ma responsabilité, j'ajoute à ce pseudonyme ma qualité d'officier et je le fais suivre de mon adresse exacte, à laquelle on pourra toujours me trouver ou m'écrire. Des instructions sont données au vaguemestre de mon régiment pour que toute correspondance au nom du capitaine Pierre Félix, me soit remise.

Pour des raisons multiples et quelquefois même, contradictoires, il y a beaucoup de probabilités pour qu'on s'efforce de faire la conspiration du silence autour de cette brochure. Aussi

— non pas dans mon intérêt, certes, mais dans l'intérêt supérieur de la justice et de la moralité publique, comme dans celui de la patrie — serais-je très obligé aux personnes — journalistes, hommes politiques, hommes et femmes du monde et tous autres citoyens — qui ne croiraient pas devoir s'associer à ce complot plus ou moins tacite, de vouloir bien, dans leurs comptes rendus ou entretiens, indiquer à leurs lecteurs ou auditeurs, le prix de la brochure et l'adresse à laquelle on peut écrire ou faire écrire pour se la procurer, dans le cas où on ne la trouverait pas en dépôt chez son libraire, ce qui pourra fort bien se produire, mes moyens ne m'ayant pas permis de la faire tirer à plusieurs milliers d'exemplaires, au risque de garder ensuite « les bouillons » pour compte, au cas où cette conspiration du silence réussirait.

P. F.

I

La campagne de *l'Action française* à propos de l'affaire Dreyfus. — La foi des Camelots du Roi. — Renversement du problème. — L'état d'esprit des membres directeurs de *l'Action française*. — La responsabilité des catholiques français.

Depuis un temps déjà long — beaucoup trop long même — *l'Action française* mène une vigoureuse campagne contre la Cour de Cassation. Elle a d'abord trouvé peu d'écho, mais grâce à une ténacité méthodique et à une énergie peu commune, elle a fini par forcer l'attention publique. Les *camelots du roi* sont aujourd'hui universellement connus, et il serait peut-être un peu mesquin de méconnaitre leur ardeur, leur crânerie, leur jeune et belle vaillance. Ce sont là des soldats admirables comme tout chef serait fier d'en avoir formé et de commander. Aussi n'en éprouve-t-on que plus de regrets à se voir dans la nécesssité de leur dire ce que le roi de Prusse disait à un soldat français fait prisonnier pendant les premières guerres de la Révolution : « Mon ami, vous êtes brave et vaillant ; quel dommage que vous serviez une aussi mauvaise cause ».

Il est vrai que le soldat français lui répondait fièrement : « Citoyen Guillaume, sur ce sujet nous ne serions pas d'accord ; parlons d'autre chose ».

J'ai quelque idée que les Camelots du Roi pourraient bien faire une réponse analogue à qui leur tiendrait le langage en question.

Et c'est que les Camelots du Roi, comme les soldats de la Révolution, ont leur foi, une foi enthousiaste qui fait toute leur force.

Foi noble et haute, il convient de le dire sans réserves, car elle a nom patriotisme.

C'est en effet par amour de la patrie que ces jeunes gens conspuent les magistrats et dégradent les statues.

Leur point de départ admis, on ne saurait les désapprouver qu'assez faiblement, car ils sont jeunes, la responsabilité de ce genre de politique incombant à leurs inspirateurs, non à eux.

Ce point de départ, on le sait, est dans la culpabilité de Dreyfus sur laquelle *l'Action française* base toute sa polique militante.

Dreyfus est un traître.

Cela étant admis et cru comme lettre d'Evangile, on comprend que ceux qui le croient ne puissent éprouver que des sentiments d'indignation et de mépris pour les magistrats qui osèrent le réhabiliter et pour les personnalités qui poursuivirent la réhabilitation. Ces hommes, qui pour les gens éclairés et de droite conscience, furent des ouvriers de vérité et de justice, et quelquefois de grands caractères, quelques-uns même des héros purs et simples, les Zola — en tant que champion du dreyfusisme — les Bernard Lazare, les Scheurer-Kestner, les Trarieux, pour ne parler que des morts, ne sont et ne peuvent être pour les Camelots du Roi, que les complices de la trahison. Leurs statues constituent un odieux défi à la conscience publique.

Ces jeunes gens sont logiques comme ils sont sincères.

Mais justement de ce qu'ils sont sincères on a le droit de conclure que leur perspective se transformera de fond en comble, le jour où ils sauront que leur thèse fondamentale est fausse.

Dreyfus est innocent.

Voilà un point de départ quelque peu différent du premier, et nous verrons plus loin ce qu'il faut penser de l'arrêt de réhabilitation de la Cour de Cassation et du fameux article 445.

Il est innocent, et nous ne ferons certes pas aux membres du Comité Directeur de *l'Action française*, l'injure de supposer que sur ce point capital ils puissent avoir le moindre doute. On peut penser tout ce qu'on voudra de M. Charles Maurras et de ses collaborateurs, on ne saurait les prendre pour des imbéciles. Or, ce serait les croire inintelligents que de faire la dite supposition.

On pourra me dire, il est vrai, qu'ils ne font pas preuve d'une intelligence bien profonde en prétendant baser toute leur politique sur une iniquité avérée, à propos de laquelle il n'est plus guère permis d'abuser que quelques fanatiques ignorants n'ayant pas eu les loisirs et les moyens nécessaires pour se faire une opinion par eux-mêmes, ou quelques jeunes gens naissant à peine à la vie politique et ne connaissant rien du sombre drame.

J'en tombe d'accord.

Aussi bien, les intelligences les plus belles ont-elles parfois des lacunes ou des éclipses, surtout lorsqu'elles manquent d'une règle morale aux préceptes bien définis et bien clairs, tranchons le mot, d'un impératif catégorique au-dessus de toutes les contingences, et peu importe qu'on le rattache au Décalogue, à Kant ou à Auguste Comte, ou à une quelconque philosophie, plus ou moins vague.

C'est le cas de *l'Action française*, ou tout au moins de la plupart de ses membres directeurs. Je crois devoir en excepter, en effet, MM. Léon de Montesquiou et Pierre Lasserre que je considère non seulement comme des esprits tout-à-fait supérieurs, mais aussi comme des caractères droits et mesurés, répugnant visiblement à certaines contre-vérités et à certaines thèses immorales que même les besoins de la politique ne leur semblent pas justifier. Et aussi n'ai-je pas souvenance d'avoir jamais trouvé sous leur plume — qu'on me rectifie si je me trompe, et j'en serai désolé — le mot « traître » accolé à Dreyfus ou l'affirmation de sa culpabilité, tout au moins sous celle de M. de Montesquiou qui semble, au contraire, avoir pris à tâche depuis quelque temps, de redresser certaines doctrines par trop audacieuses, comme celle du triomphe de la royauté *par tous les moyens* !

Par tous les moyens « honnêtes », a ajouté doucement M. de Montesquiou dans une glose qui s'imposait de plus en plus, pour éviter le tort que l'on se faisait dans beaucoup d'esprits, et personne n'a plus rien eu à dire, si ce n'est peut-être M. Henry Vaugeois qui, dans une attitude à la Condé lançant son bâton de commandement dans les lignes ennemies, avait héroïquement jeté ce cri de guerre. M. Henri Vaugeois semble assez aimer prendre des attitudes héroïques, comme s'il voulait « épater » son monde. Quoiqu'il en soit, avec le correctif de M. de Montesquiou, son cri de guerre a perdu tout son caractère de défi et de virulence, tout ce qui en faisait la sauvage et guerrière beauté pour se transformer en un cri de rien du tout, un cri vulgaire à la portée de toutes les politiques et de tout le monde. M. de Montesquiou se serait-il traitreusement promis d'enlever son originalité à M. Vaugeois ?

MM de Montesquiou et Lasserre exceptés — et ils n'en sont d'ailleurs pas moins coupables comme complices — les autres membres directeurs de *l'Action française* résument leur morale politique et sociale dans la maxime suivante :

« Le pouvoir ne doit jamais être astreint aux règles qui constituent la moralité privée »

Cette maxime est de Balzac, et je l'extrais d'une étude consacrée à cet écrivain par M. Louis Dimier, agrégé de l'Université et membre du Comité directeur de *l'Action française*, qui en prend texte pour justifier la Raison d'Etat que lui et ses collaborateurs ont prétendu et prétendent élever à la hauteur de cet impératif catégorique qu'ils ne trouvent plus dans la morale courante, ainsi qu'on le peut constater en mains articles de leur revue et de leur journal. M. Louis Dimier écrit : « Ce qu'il y a chez Balzac de plus décisif contre elle (la Révolution) doit-être maintenant relevé ; je veux dire la Raison d'Etat posée en contradiction avec l'emphase humanitaire et l'étalage des sentiments. Cette contradiction, que les réclamations dreyfusiennes ont mis dans un état nouveau, Balzac l'avoue avec sa franchise ordinaire. » Suit la maxime précitée.

Et tel est, en effet, le fin mot de toute la politique anti-dreyfusienne de *l'Action française.*

La Raison d'Etat voulait — et il parait qu'elle continue à vouloir — le sacrifice de Dreyfus sur l'autel de la Patrie.

On sait ce que vaut la doctrine en bonne morale, et je me réserve, d'ailleurs, de la discuter ultérieurement ; mais, en attendant, elle oblige des gens intelligents et avertis, à altérer délibérément un fait évident pour soutenir leur politique. Qu'ils osent donc dire la vérité à ceux qu'ils abusent grâce à la formidable complexité d'une affaire que ces derniers sont dans l'impossibilité de connaître ?

Qu'ils la disent comme ils le doivent, car s'il peut être permis et même recommandé de taire la vérité, lorsque aucune nécessité morale n'oblige à parler, *on doit toujours dire la vérité lorsqu'on parle*. Qu'ils disent *le fait*, c'est-à-dire l'innocence avérée qu'ils connaissent, et puis on verra ensuite à discuter sur ses conséquences et sur les doctrines, anti-sémitisme, anti-maçonnisme, anti-démocratisme, etc... toutes choses qui demeurent en l'état, toutes choses que l'innocence ou la culpabilité d'un homme, question de fait, encore une fois, ne saurait modifier ni dans un sens ni dans l'autre.

Tandis qu'il est écrit :

« Tu ne feras point de faux témoignage ».

Que pensent de ce précepte les catholiques français qui inspirent ou suivent l'*Action française* et, d'une manière générale, tous ceux de ses partisans qui se réclament de la morale ?

Il me semble que la réponse à cette question a été faite par feu M. Trarieux, dans une lettre qu'il adressait à M. Léon Chaine, un de ces rares catholiques qui intervinrent si courageusement il y a sept ans passés, en faveur de la Vérité et de la Justice.

M. Léon Chaine venait de lancer sa fameuse *Lettre d'un catholique lyonnais à un Évêque sur l'affaire Dreyfus.*

Parmi les nombreuses lettres qu'il reçut à cet effet, on en trouve une de M. Trarieux, dans laquelle on peut lire :

« ... La question est jugée pour le parti catholique proprement dit ; beaucoup d'appels semblables au vôtre, émanant même d'ecclésiastiques et plusieurs très bien faits, lui ont été adressés : il n'a pas bougé, non pas faute de comprendre mais faute d'indépendance et de courage. Tous ont craint de se séparer du gros de l'église. Je vous citerais vingt des plus notables ; vous devez en connaître à Lyon comme moi... Je comprends que vous n'en preniez pas votre parti, vous qui me semblez de la famille des abbé Pichot et des Paul Viollet .. Il faudra, pour en revenir, la force des choses » (1).

La force des choses, soit, et elle a d'ailleurs fait beaucoup depuis cette époque, mais l'honnêteté vulgaire aussi, et la question se pose de savoir si les catholiques français, partisans ou complices muets de *l'Action française* dans le drame qui depuis si longtemps déchire la Patrie, vont avoir assez d'indépendance et de courage, et de franchise, pour dire enfin hau-

(1) *Les catholiques français et leurs difficultés actuelles*, par Léon Chaine, A. Storck et Cie, éditeurs, Paris et Lyon, 1 vol. 3 fr. 50

tement et sans réserves ce qu'ils savent être la vérité. Il ne suffit point de se taire, car comme le disait si bien l'abbé Pichot, dans sa retentissante brochure, on est ici en présence d'un cas de conscience (1), et il n'est que temps de le résoudre définitivement, de façon à permettre à ce pays qui n'a déjà en lui que trop de germes de division, de pouvoir tout au moins et enfin, se délivrer de celui-là, le plus grave de tous, le plus dangereux.

(1) *La conscience chrétienne et l'affaire Dreyfus*, par l'abbé Pichot, professeur de mathématiques, brochure, Société d'éditions littéraires, Paris, place de l'Ecole de Médecine, 0 fr. 60.

II

La brochure de l'abbé Pichot et le livre de Léon Chaine que les catholiques français dédaignèrent d'écouter. — Mes tentatives personnelles : entretiens avec François Coppée, Paul Bourget, Etienne Lamy et Edouard Drumont.

J'ai parlé de la brochure de l'abbé Pichot et du livre de Léon Chaine, parus la première en 1899 et le second en 1903.

En cette même année 1903 et alors que j'ignorais ces deux publications, j'avais eu moi-même l'idée de poser « le cas de conscience de l'affaire Dreyfus » aux catholiques français ; mais comme j'étais quelque peu « neuf » et par conséquent naïf, en matière littéraire, j'avais très bravement écrit une pièce de théâtre en cinq actes — pas un de moins — ayant pour titre : « Raison d'Etat ». Les événements se passaient une soixantaine d'années auparavant. Il s'agissait d'un crime monstrueux commis par un très haut personnage et que les partisans de la Raison d'Etat voulaient étouffer à tout prix, de peur de faire crouler tout le régime. Un innocent avait naturellement été condamné à la place du vrai criminel, et l'intrigue se déroulait uniquement entre catholiques : d'un côté, des catholiques de façade ou de faux dévôts comme il y en a tant, renforcés par un évêque plus subtil que droit, de l'autre, un grand seigneur, vrai catholique, qui défendait les droits de la morale. Je fais grâce des péripéties.

Mon manuscrit terminé, je priai François Coppée de le lire et de me dire son sentiment.

Le doux poète, quelque peu meurtri par les coups et les déceptions de la *Patrie française*, s'était alors presque entièrement retiré sous sa tente, et, profondément découragé, il aspirait au repos.

— Trop tard, me dit-il en substance. Dreyfus est innocent, je le sais bien, nous le savons tous et mon ami Drumont le sait autant que personne, mais il est trop tard, maintenant, nous ne pouvons pas nous déjuger, le peuple ne comprendrait pas, et en définitive, il en résulterait plus de mal que de bien. Votre pièce me parait peu faite pour le théâtre contemporain si ce n'est peut-être pour la *Comédie française* ou *l'Odéon*, et, pour un débutant, il serait peut-être exagéré de prétendre jusque-là. Nous n'en sommes plus aux pièces du classique où le discours tient plus de place que l'action, mais si par extraordinaire quelque directeur la jouait, cela pourrait faire beaucoup de tort aux catholiques français qui peuvent avoir commis une faute grave dans cette malheureuse affaire Dreyfus, mais qui n'en sont pas moins persécutés en ce moment. Voudriez-vous leur tirer dans le dos, voudriez-vous tirer sur nos propres troupes ? »

Ce dernier argument me décida et je remis soigneusement le manuscrit dans le tiroir d'où il n'est plus sorti. Pour me consoler, Coppée me recommanda à un homme de lettres ayant quelque influence comme lecteur chez Perrin, et ce dernier m'édita un de mes livres paru en février 1904, dans lequel j'insérai quelques passages de ma pièce, relatifs à la Raison d'Etat.

A propos de ce livre, et toujours sur la recommandation de Coppée, j'avais été trouver Drumont pour lui demander un article bibliographique. J'eus ainsi l'occasion de causer assez longuement avec le chef de l'antisémitisme à qui je ne cachai point mes sentiments ardemment dreyfusards et même militants.

Je ne dirai pas que Drumont avoua — je le voyais pour la première fois, et je ne l'ai, du reste, jamais plus revu — mais il ne protesta guère. Tout au plus se bornait-t-il — au cours de mon exposé qui fut assez long — à se passer de temps à autre la langue sur les lèvres, dans un geste semblant lui être familier lorsqu'on lui dit des choses qui le contrarient mais qu'il sait être vraies. J'ai remarqué ce geste chez quelques personnes prises en faute, et notamment chez un de mes anciens soldats ordonnances. Quoi qu'il en soit, Drumont fut charmant ; il me demanda plusieurs renseignements, puis me reconduisit très aimablement jusqu'à la porte de son grand bureau, en causant mysticisme, forces occultes, et sur ce point il était plus loquace que sur l'affaire Dreyfus. Il me dit de voir son collaborateur Boisandré, chargé de la rubrique bibliographique, au sujet de mon livre dont il parlerait d'ailleurs lui-même. Je vis Boisandré assez longtemps après — une rapide entrevue de cinq minutes dont j'ai à peine gardé le souvenir — et je dois du reste avouer que ni l'un ni l'autre ne parlèrent de mon livre, pas plus que des livres suivants. Drumont a sans doute encore les lèvres trop sèches à mon égard.

Comme on le voit, en 1904, Drumont ne songeait pas encore à faire son *mea culpa*, pas plus qu'il n'y songe sans doute aujourd'hui, mais il fut un moment où cette pensée a dû lui venir sérieusement à l'esprit, et c'est au cours de la seconde revision ayant abouti à la réhabilitation de Dreyfus. Qu'on consulte la collection de la *Libre Parole* à cette époque. Ce ne sont que sommations impérieuses et injurieuses au général Mercier que l'on met en demeure de tout dire enfin, ce qu'il a dit jusque-là étant manifestement insuffisant à établir la culpabilité du condamné de Rennes. Sentant la réhabilitation certaine, la feuille anti-juive cherche habilement à rejeter toute la responsabilité de l'odieuse campagne sur le général Mercier — qu'elle n'a d'ailleurs jamais aimé — et sur le seul témoignage de qui elle prétend avoir basé toute cette campagne. Mais le général se tait obstinément et pour cause, ce à quoi la *Libre Parole* s'attend évidemment. Aussi est-il permis de supposer qu'en présence de ce mutisme forcé, le journal allait faire un jour ou l'autre, sitôt après l'arrêt de revision, quelque déclaration pour se dégager d'une manière plus ou moins nette — il en prenait visiblement le chemin — lorsque le fameux article 445 entra en jeu. Du coup tous les anti-dreyfusards ont pour ainsi dire « rebondi » en reprenant toute leur assurance, comme ils avaient rebondi après la passagère dépression causée par le faux Henry, grâce à l'ingénieuse trouvaille de M. Charles Maurras sacrant ce faux patriotique, en vertu de la Raison d'Etat. Avec cette différence, toutefois : c'est que le terrain de l'article 445 est autrement sérieux et solide pour les anti-dreyfusards que celui du faux patriotique, et que les dreyfusards commettraient une lourde faute s'ils persistaient à vouloir se tirer de ce mauvais pas par des subtilités juridiques. Qu'on le sache bien : *Dans un sens ou dans l'autre, on ne pourra sortir de l'affaire Dreyfus que par une bonne foi absolue ou par l'esprit de vérité.* Nous traiterons ce point plus loin.

A la suite de l'arrêt de réhabilitation, j'avais complètement renoncé à mon idée de poser le cas de conscience aux catholiques français, les efforts de *l'Action française* pour galvaniser une affaire que l'on considérait comme définitivement terminée, paraissant se heurter à l'indifférence générale. Je n'avais pas manqué, cependant, — toutes les fois que j'en avais eu l'occasion — de chercher à éclairer les gens autour de moi. Et c'est ainsi qu'étant entré en relations avec M. Paul Bourget à l'occasion de la préface dont il a bien voulu honorer un de mes livres, nous eûmes un jour l'occasion de parler longuement de « l'affaire ».

Je marquai très nettement ma désapprobation de la campagne menée par *l'Action française* dont il est l'un des protecteurs. Ainsi qu'il me le déclara d'ailleurs, je pus m'assurer que Bourget ne connaissait point « l'affaire » qu'il n'avait pas étudiée à fond par lui-même. Son opinion, d'après ce qu'il m'a dit, se basait surtout sur des renseignements qu'il tenait d'un ancien ministre du cabinet de 1894, renseignements qu'il me communiqua à titre confidentiel et qui sont d'ailleurs sans valeur pour quelqu'un ayant suivi attentivement les débats depuis l'origine.

Cela étant, Bourget doute-t-il ? Je ne le crois pas, et la preuve c'est que sous sa plume non plus, je n'ai point souvenance d'avoir jamais trouvé l'affirmation de la culpabilité. Il parlera quelquefois, lorsqu'il ne peut pas l'éviter de « ce malheureux » mais non du traître. A mon sens, bien que disant n'avoir pas suivi lui-même les débats, Bourget est complètement sûr de l'innocence, mais comme beaucoup d'autres, il me paraît être de ces habiles qui, dans la vie, estiment qu'il faut savoir « manœuvrer » et non marcher tout droit. Reste à savoir si, même à leur point de vue, ils sont ainsi vraiment habiles. Pour ma part, je ne le pense pas et je crois même que, surtout à l'avenir, ce genre d'habileté réussira de moins en moins. (1)

(1) Je n'avais pas cru pouvoir, tout d'abord, donner le nom de ce ministre qui m'avait été révélé à titre privé, et ce livre était déjà composé en partie, sans que ce nom y figurât. Un remarquable article de M. G. Hanotaux, paru dans *le Journal* du 17 août 1910, sous le titre « Le secret diplomatique », m'a fait changer d'avis L'ancien ministre y dit excellemment : « Le secret diplomatique est une nécessité dans les périodes d'observation, de préparation, de gestation ; mais il peut devenir un périlleux abus quand l'heure de l'action a sonné. Le peuple veut savoir et *doit* savoir.... » Par analogie, et étant donné que l'affaire Dreyfus a éminemment un caractère public intéressant le peuple au plus haut degré, que d'autre part, elle est sortie apparemment, de « la période d'observation et de gestation », je pense que j'ai le devoir impérieux de déclarer que le nom du ministre en question est celui de M. Hanotaux. C'est surtout sur les confidences que M Hanotaux lui fit autrefois, avant le procès de Rennes, que M. Paul Bourget s'appuie ou prétend s'appuyer, pour ne pas reconnaître l'innocence de Dreyfus Aujourd'hui que les événements ont jeté une lumière définitive sur le triste drame, il serait à désirer — et je suis convaincu que M. Hanotaux considère cela comme un devoir également impérieux — que l'ancien ministre désabusât son collègue de l'Académie. A moins, toutefois, que M. Hanotaux lui-même ne croie encore, comme il y a douze ans, à la thèse de la culpabilité. Mais sans doute estimera-t-il qu'il est nécessaire, voire même indispensable, qu'une déclaration publique de Paul Bourget ou, à défaut de lui-même, vienne fixer ce peuple qui « a le droit de savoir » sur un point d'une si haute importance pour sa paix intérieure, son développement national entravé par une guerre intestine à l'état endémique, et l'intérêt supérieur de la moralité publique. On ne comprendrait point leur double silence.

Je profiterai de l'occasion qui m'est offerte de rédiger cette note, pour demander à M. Jules Lemaître qui s'est rallié si

Parmi les personnalités marquantes, j'ai également fait part de mes opinions dreyfusardes à un bénédictin et à un ancien Jésuite, tous les deux écrivains très distingués et très influents à l'*Action française* ainsi que dans les milieux catholiques. Ils se sont bien gardés de les combattre, mais ils estiment eux aussi que ce n'est pas un cas de conscience.

Enfin, me sera-t-il permis de rappeler à M. Etienne Lamy une conversation que j'eus avec lui, dans son cabinet directorial du *Correspondant* ?

C'était encore après l'arrêt de réhabilitation, au sujet de la campagne de l'*Action française*, et je lui parlai de la lourde faute commise par le catholicisme au cours de toute cette douloureuse affaire Dreyfus.

Il protesta :

« Dites par *certains catholiques*, me répliqua-t-il en substance, mais non par le catholicisme qui n'a jamais pris parti, ni à Rome, ni en France, pour ou contre Dreyfus ».

bruyamment au duc d'Orléans et à l'*Action française*, si ce ralliement comporte l'adhésion au dogme central de la politique militante de l'*Action française* : la culpabilité de Dreyfus. Sur ce point il semble qu'il ait, lui aussi, le devoir de déclarer hautement son opinion, en son âme et conscience, sans doute pas devant Dieu, puisqu'il n'y croit point, mais devant les hommes, et surtout devant cette grande figure qui n'est nullement une abstraction, quoiqu'il en pense peut-être, et qui s'appelle la Morale, avec une majuscule.

Tous les honnêtes gens et tous les bons citoyens attendent les déclarations de M. Paul Bourget ou, à défaut, de M. Hanotaux, et de M. Jules Lemaître. Il est temps et plus que temps de sortir de l'équivoque.

Evidemment, nulle encyclique n'a été consacrée à cette question, mais peut-être n'est-il pas exagéré de dire que s'il faut juger l'arbre à ses fruits, suivant les prescriptions de l'Ecriture, l'arbre catholique français, en l'espèce, a donné de bien mauvais fruits. L'immense majorité des catholiques français et des prêtres, et parmi eux des évêques fougueux, *trop fougueux*, ont en effet pris parti contre l'innocent, contre la vérité, contre la justice.

Et que la masse catholique ait été induite en erreur par ses pasteurs et par ses dirigeants, et ne mérite de ce fait aucun reproche, cela est certain.

Mais en est-il de même de ces derniers ?

C'est ce qu'il nous faut examiner

III

L'Inquisition et l'affaire Dreyfus. — Silence coupable de *l'Action Libérale populaire* et de certains journaux catholiques. — Un grave danger pour un avenir rapproché : la jeunesse des écoles menacée. — La sentence d'un nationaliste. — Le « roi vengeur » et les alarmes de M. Arthur Meyer.

Le cas de conscience au sujet de l'affaire Dreyfus se poserait aux catholiques français et devrait être résolu par eux hautement et sans réserves, même si toute agitation avait cessé à l'occasion de cette affaire et que la paix se fût faite dans les esprits. Il n'est jamais trop tard pour bien faire et peut-être est-il bon de se rappeler que les protestants ont fait tout récemment amende honorable à propos de Michel Servet.

En l'espèce, et dans l'hypothèse envisagée, il conviendrait de penser à l'avenir, si le présent était assuré. C'est ce qu'avait très bien compris un correspondant de l'abbé Pichot, à la suite de la publication de la brochure dont nous avons parlé précédemment.

Il lui écrivait :

« Il y a des griefs que, dans tous les pays,
« chaque jour, à toute occasion, on invoque con-
« tre l'église : l'Inquisition, la St-Barthélemy,
« la condamnation de Galilée, griefs que certains

« catholiques appellent des rengaines, mais qui « influencent presque toujours celui qui les en« tend, car ils constituent la preuve au moins « que le clergé a pu être injuste et cruel, que « donc la religion est impuissante à maintenir « dans le bien, même ses propres ministres.

« Or, la conduite du clergé dans l'affaire Drey« fus constituera contre le catholicisme un grief « nouveau. Dans vingt ans, dans cent ans, on « dira : « Et l'affaire Dreyfus ! » comme on dit « aujourd'hui : « Et la condamnation de Galilée ! »

« Je sais ce qui s'est passé : je sais que les « prêtres ont été trompés par les militaires. Né« anmoins, il reste au passif du clergé les torts « suivants :

« Il est malhonnête de ne pas chercher la vé« rité ;

« On n'a pas le droit de se laisser tromper.

. . . .

« L'Eglise avait un beau rôle à remplir, rôle « qui l'eût réhabilitée en France, crier : « Justi« ce, justice pour tous ! » Elle ne l'a pas com« pris. »

L'Eglise, en effet, avait un beau rôle à remplir, et il convient, sur ce point, d'envisager la question sous deux faces, car il y a d'un côté, les catholiques français et de l'autre, l'Eglise officielle.

Nous savons quelle a été la conduite des premiers, prêtres ou simples croyants, en immense majorité. Il faut dire pourtant, que depuis le procès de Rennes, — *aucun doute n'étant plus possible sur l'innocence du condamné, malgré le verdict du Conseil de guerre*, — beaucoup de catholiques ont cessé leurs attaques Il en a été ainsi pour tous ceux d'entr'eux non inféodés à l'antisémitisme, et notamment pour les journaux qui se rattachaient plus ou moins à l'*Action libérale populaire* de M. Jacques Piou, la *Croix* et l'*Univers*, par exemple.

Ceux-là ne se sont plus associés aux attaques continuées par l'*Action française*, la *Libre Parole* et la *Gazette de France*, pas plus que ne s'y sont associés, tout au moins systématiquement, le *Gaulois*, le *Soleil* et l'*Autorité*. Mais leur conscience à tous semble s'être contentée à bon compte : ils se sont en effet bornés au silence pur et simple. Ils ont pensé que pour reconnaître l'innocence de Dreyfus une déclaration nette et sans équivoques, de manière à bien éclairer leurs lecteurs, n'était point nécessaire et qu'il suffisait de ne plus affirmer sa culpabilité. C'était en quelque sorte l'innocence par prétérition. L'acte nécessaire était remplacé par une subtile figure de rhétorique.

Et par prétérition, c'est encore beaucoup dire. En effet, tout en n'affirmant plus la culpabilité, ces journaux, conformément à leur ligne politique, n'en continuent pas moins leur lutte contre le régime actuel qu'ils désignent sous le nom de « régime dreyfusard », ce qui amène tout naturellement leurs lecteurs non désabusés, à conserver l'impression de la culpabilité et non à acquérir celle de l'innocence.

Mais si la conscience de ces journaux et de ces dirigeants catholiques, s'est montrée et se montre encore si accommodante sur le point capital du sombre drame qui continue à déchirer la Patrie, combien, au contraire ne s'est-elle pas révélée exigeante et impérieuse, sur le fameux article 445, sur la violation d'une forme juridique dont nous aurons à parler plus loin, et qui ne touche d'ailleurs en rien au fond du débat ?

On peut bien se taire sur l'innocence et continuer à tromper ses lecteurs qui, en majorité, croient toujours ainsi à la culpabilité, mais sur une chinoiserie juridique, diable ! c'est un cas de conscience. Parlons, il faut parler.

Aussi, la *Croix* elle-même et l'*Univers*, les plus modérés et qui se disent même républicains, reviennent-ils plusieurs fois et même avec entrain sur l'article 445. Derrière l'*Action française* qui mène la charge, ils font chorus avec les autres vaillamment, ardemment. Tudieu ! Quelle conscience, et quel dommage qu'elle persiste à être assoupie et peut-être morte, là où il serait si nécessaire qu'elle se réveillât pour se manifester avec éclat !

Dites donc, messeigneurs, ne confondriez vous pas quelquefois la conscience avec vos préjugés et vos passions, et l'Evangile du Christ avec le *Prince* de Machiavel !

Et c'est que vous êtes vraiment machiavéliques en toute cette affaire, machiavéliques au mauvais sens du mot. Non seulement, en effet, par la méthode du silence dont nous avons parlé, vous ne désabusez point votre public, ceux qui croient en vous, mais par votre intervention au sujet de l'article 445, vous les maintenez et les confirmez dans l'erreur. Peu experts en matière juridique et pas davantage en psychologie, ces pauvres gens, évidemment, ne peuvent que se dire ! « Du moment qu'il a fallu donner une entorse à la légalité pour le réhabiliter, c'est qu'il était coupable ».

Voilà votre calcul et je me suis laissé dire qu'il est un peu « canaille ». Il est bien regrettable qu'on puisse l'appliquer à des catholiques se réclamant du Christ, et à des journaux de pure orthodoxie comme la *Croix* et l'*Univers*.

S'ils avaient la conscience de vrais chrétiens, ou plus simplement encore, de véritables honnêtes gens, aussi bien au point de vue civique qu'au point de vue privé, ils auraient à cœur de dissiper la confusion qui résulte de leur attitude équivoque. Tout en continuant à propos de l'article 445, une campagne qui peut prêter matière à une discussion très intéressante au point de vue de certains principes fondamentaux des gouvernements, ils prendraient soin de déclarer que cette question de pure légalité ne touche en rien au fond du débat, l'innocence de Dreyfus étant *un fait acquis* désormais hors de toute discussion.

Voilà ce qu'ils devraient dire, aussi bien pour sauvegarder l'avenir au sens où l'entendait le correspondant de l'abbé Pichot, dans la lettre citée précédemment, que pour faire la pacification des esprits dans ce malheureux pays qui se consume par la guerre civile à l'état endémique, guerre civile vraisemblablement destinée à s'aggraver de plus en plus par suite des germes d'erreur et de haine semés dans l'esprit de la jeune génération ignorante des faits, et surtout dans celui de la jeunesse des écoles dont l'influence sociale sera bientôt considérable.

C'est là qu'est le danger, le péril grave.

S'il ne s'agissait que de quelques adultes ignorants et fanatiques dont le pli intellectuel et moral est désormais ineffaçable et qui, en tout état de cause, ne seront jamais que des citoyens médiocres et sans prestige, la campagne de l'*Action française* soutenue plus ou moins ouvertement par l'immense majorité des catholiques français, ne fût-ce que par leur silence obstiné, n'offrirait qu'un dommage limité au présent et assez facilement réparable. En effet, *nous sommes là, nous tous qui savons*, et nous ne nous en laissons pas plus imposer par les *talismans* que par les brochures et les *Précis* où l'on a cherché à embrouiller les choses et non à faire éclater la vérité.

Mais dans dix ans, vingt ans, combien d'entre nous manqueront à l'appel, cependant que la jeune génération élevée dans l'erreur et fanatisée, sera à son tour prépondérante dans la direction politique et la marche sociale ! C'est alors que le péril éclatera dans toute son intensité.

Il sera très grave

L'*Action française*, ainsi que nous l'avons déjà dit, a pris l'affaire Dreyfus comme pivot de toute sa politique. Je ne crois pas que cette politique triomphe jamais, malgré les innombrables fautes de ses adversaires créant devant elle une situation éminemment favorable et peut-être unique, qu'il eût été presque fou d'espérer. Et je ne le crois pas, justement et surtout à cause de cette affaire Dreyfus, entre autres, mais à cause de celle-là principalement, qui marquera toujours l'*Action francaise* d'une tare originelle et ineffaçable. Ce sera sa tunique de Nessus et elle en mourra, d'autant plus qu'elle est loin d'avoir le torse herculéen.

C'est sinon un partisan, du moins un écrivain auquel l'*Action française* doit être plutôt sympathique, puisqu'il est nationaliste, M. Georges Bonnamour, qui a écrit : « Ceux qui vivent de l'erreur finissent par mourir de la vérité ». Il a écrit cela dans un livre consacré au procès Zola, à propos du général de Pellieux qu'il mettait en opposition avec M. Leblois, et M. Bonnamour était sans doute loin de se douter,

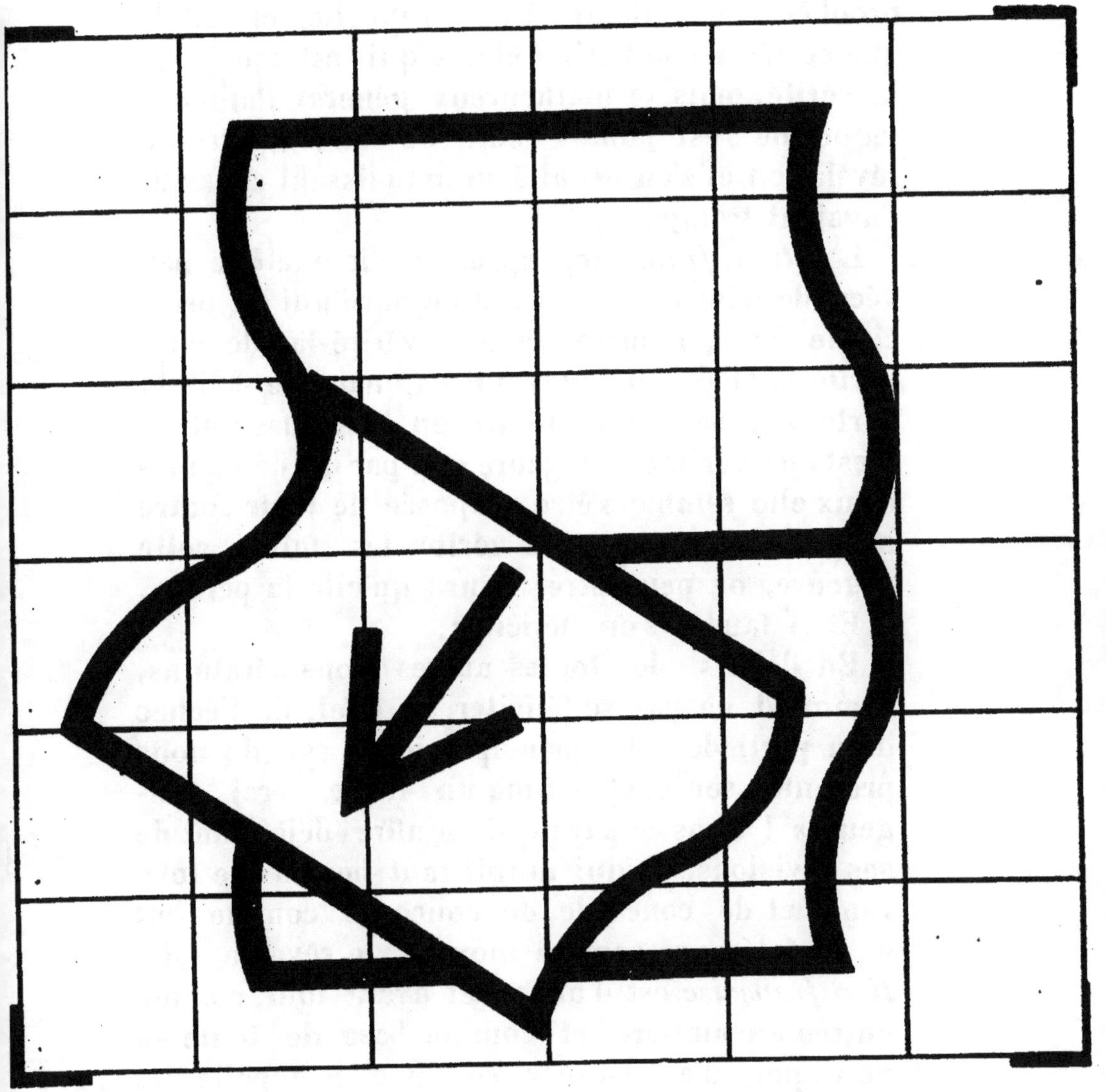

à cette époque où l'on ne savait encore que peu de chose de la terrible affaire, qu'il serait un prophète de malheur. On se rappelle, en effet, que ce n'est point M. Leblois qui est mort de la vérité, mais le malheureux général Gonse, lequel ne s'est jamais remis de la douloureuse révélation et s'en est allé en maudissant ceux qui l'avaient trompé.

L'*Action française*, après avoir quelque peu vécu de cette erreur faisant aujourd'hui sa principale force, mourra de cette vérité-là, de cette vérité-là et de quelques autres, mais de celle-là surtout, j'ose le lui prédire en toute assurance. C'est une véritable gageure que par un défi audacieux elle semble s'être proposée de tenir contre les gens informés et la vérité des faits ; cette gageure, on peut être assuré qu'elle la perdra.

Et il faudra s'en féliciter.

En dehors de toutes autres considérations, comment ne pas se féliciter, en effet, de l'échec d'un parti dont le principal idéal est de nous présenter son chef comme un futur « roi vengeur » ! Dans ce pays qui souffre déjà tant de ses divisions, et qui aurait tant besoin de tolérance et de concorde, de concorde comme but et de tolérance comme moyen, le rêve de *l'Action française* est d'abord et avant tout, comme entrée en matière et comme base de toute sa politique, d'exterminer ce qu'elle appelle les quatre Etats confédérés : juifs, protestants, ma-

IV

Les thèses ingénieuses de M. Charles Maurras — Programme fondamental de *l'Action française* : discorde intérieure et discorde extérieure — Une leçon du prince de Bulow. — La conscience des catholiques : ses coupables accommodements — L' « affaire » Jeanne d'Arc. — Un évêque ironiste ou exigeant. — Expériences qu'on ne saurait recommencer indéfiniment.

Punir et venger, toute politique vraiment nationale ne pouvant, paraît-il, se faire que par le châtiment préalable et dans la discorde, telle est la méthode de *l'Action française*.

Discorde intérieure et discorde extérieure.

M. Charles Maurras ne manque pas de rappeler, toutes les fois qu'il en a l'occasion, ce qu'il avait écrit dès le premier moment de l'Affaire, à savoir « que si Dreyfus était par hasard innocent, il faudrait le faire maréchal de France, mais qu'une demi-douzaine de ses partisans resteraient dignes de la peine capitale. »

Le châtiment toujours et avant tout, voilà le *leit motiv* invoqué sans cesse par ces singuliers docteurs ès-sciences sociales, dont l'intelligence et l'énergie sont incontestablement vigoureuses, mais dont le sens psychologique est extraordinairement court et médiocre, parce qu'ils ont au cœur plus de passion et d'ambition que de véritable amour de leurs semblables et de leur patrie, parce qu'ils aspirent beaucoup plus à être les maîtres du peuple que ses serviteurs dans le beau sens du mot, le sens de l'Evangile et de toute sincère philanthropie.

Or, l'on ne saurait être un bon politique si l'on n'est point un bon psychologue.

Admirez, au surplus, les beautés de la Raison d'Etat ou les subtilités de M. Charles Maurras.

« L'accusé est innocent, soit : nous le réhabiliterons et le mettrons sur le pavois, mais défense de faire des démarches pour établir et faire proclamer cette innocence, sinon la guillotine ». Et comme ledit accusé est au bout du monde, coupé de toutes communications et n'ayant aucun moyen de la faire reconnaître par lui-même, vous devinez le résultat. En vérité, on ne se lasse jamais d'admirer l'ingéniosité des thèses de M. Maurras.

Discorde extérieure, avons-nous dit aussi :

En effet, c'est encore là une des thèses favorites de l'*Action française*. Au moment où l'Europe entière et le monde civilisé font un effort plus ou moins conscient et inégal, mais en tout cas visible et certain, pour sortir enfin du chaos de barbarie que l'évolution des idées et, pour une plus grande part encore, celle des intérêts enchevêtrés et équilibrés, a désormais condamnée, l'*Action française*, au nom de la France qu'elle prétend représenter dans son génie intégral, intervient et agite au-dessus des peuples en voie d'apaisement, sa fulgurante torche de discorde et d'incendie. Que l'on se reporte à ses nombreux textes sur ce point, et plus particulièrement aux articles de M. Jacques Bainville chargé de la rubrique de la politique extérieure, et l'on sera édifié à cet égard.

Ce n'est point dans la croissance des énergies individuelles et collectives de ses citoyens, que la France doit chercher le développement de sa prospérité et de sa grandeur, c'est dans les divisions des autres nations. Ce n'est point par un effort progressif et soutenu qu'il faut tâcher de s'élever ou de se maintenir, c'est par l'affaiblissement provoqué et soigneusement entretenu des voisins, conformément à l'immorale et odieuse doctrine bismarkienne, ou à la politique expérimentale tirée des temps arriérés et barbares.

Et la doctrine est si bien entrée dans la mentalité de tous les tenants de l'*Action française*, que le moindre organe qui se crée dans la province la plus reculée, s'empresse de l'inscrire à son premier numéro. Tel est le cas du *Bulletin Savoyard*, fondé à Chambéry en mars 1909. Ecoutons-le : « Et alors que les premiers en Europe nous parvenons à l'unité politique, *la monarchie française sait maintenir divisés et affaiblis les Etats voisins* ». Il cite cela tranquillement comme un exemple à suivre, et dans sa revue de Presse, l'*Action française* du 27 mars 1909, par la main de Criton, *alias* M. Charles Maurras, ne manque pas de le souligner complaisamment.

Piquante ironie ! C'est le prince de Bülow lui-même qui, tout au moins en théorie — et la pudeur n'en est point négligeable — s'est chargé de rejeter hautement cette doctrine. On peut lire dans son discours du 29 mars 1909 au Reichstag : « J'ai déjà dit ici une fois à ce sujet qu'il n'est pas d'une grande nation et *qu'il n'est pas non plus de son intérêt* de vouloir vivre des divisions des autres. » Quelle leçon pour l'*Action française* !

Oui, on souhaitera à l'Allemagne, par exemple, ou à toute autre nation rivale, un état de désordre et d'anarchie, et l'on y aidera de toutes ses forces afin d'être relativement plus puissant qu'elle, au lieu de chercher à augmenter sa propre force en mettant en œuvre toutes ses facultés morales et physiques, dans une culture intensive de plus en plus appropriée aux progrès du milieu et du temps. Et cela permet évidemment de dormir plus ou moins paisiblement dans les saintes routines et de se dispenser de l'effort indispensable pour monter ou tout au moins ne pas déchoir.

Telle est la doctrine et l'on voit assez quel en est le fondement : propager ou maintenir l'ignorance et le mal autour de soi, afin de dominer facilement parmi les divisions et les haines.

L'Evangile ou même la morale pure et simple, enseignent au contraire, la solidarité entre les peuples comme entre les individus, l'aide de chacun à tous et de tous à chacun, tout surcroit de puissance ou toute force nouvelle, où qu'elles se produisent, devant en définitive et abstraction faite des contingences plus ou moins passagères se traduire par un bienfait général. La science, la raison et le vulgaire bon sens enseignent, d'autre part, qu'on souffre toujours d'un mauvais voisinage, et qu'à entretenir autour de soi un foyer infectieux, on en est fatalement victime soi-même, tôt ou tard. Bismarck serait peut-être déjà moins fier de son œuvre s'il la pouvait encore voir, d'autant plus que l'avenir n'a pas dit son dernier mot. Et c'est qu'il y a une justice immanente, quoi qu'on en dise, surtout pour les peuples qui, plus que les individus, ont toujours le temps de payer leurs fautes ici-bas, sans préjudice de ce que les dirigeants qui les guident mal ou les démoralisent, auront peut-être à payer là-haut.

Comment la conscience des catholiques qui suivent l'*Action française* peut-elle s'accommoder de ces contradictions flagrantes entre sa politique et les prescriptions de l'Evangile ou de la Morale ?

Il semble que ce soit une conscience singulière et, peut-on dire, à éclipses, guidée beaucoup plus par la passion politique que par le souci de la vérité et de la morale. Et c'est ainsi qu'après l'avoir trouvée complice ou muette dans un crime social qui a déchaîné la guerre civile sur le pays, nous l'avons vue si chatouilleuse à propos d'une simple subtilité juridique, ayant d'ailleurs pour effet de prolonger l'agitation née de crime en aggravant ainsi sa culpabilité, ainsi que je l'ai montré précédemment. Mais si la dite conscience se soucie peu de l'innocence des vivants, elle se montre en revanche véhémente pour défendre la mémoire des morts, du reste assez belle et assez pure, de l'aveu même d'historiens peu suspects de sympathie, pour se défendre elle-même.

La raison d'Etat conseille de se taire sur Dreyfus mais elle ordonne, paraît-il, d'illustrer Thalamas dont, suivant une spirituelle relation de Gustave Téry, les ravages « Jeannophobes » s'étendaient en tout et pour tout sur sa femme et sur un étudiant russe ou polonais, je ne sais plus très bien. Et comme de juste, le résultat fut encore une espèce de guerre civile.

Ah ! çà ! serait-ce aussi une gageure ? Cette conscience ne saurait-elle se mettre en mouvement sans déchaîner le trouble social autour d'elle, même si la cause qu'elle défend est belle de prime abord, et tel était bien le cas dans « l'affaire » Jeanne d'Arc ?

Eh ! oui, une affaire, et c'est bien précisément parce qu'au fond on se souciait moins de défendre une mémoire presque universellement respectée par tous et vénérée par beaucoup, que de chercher une affaire politique au mauvais sens du mot, que le débat a été vicié dans sa base et, malgré la haute noblesse de son principe, n'a pu aboutir qu'au trouble et au désordre. On dirait qu'un génie satanique s'agite dans la coulisse de l'*Action française* et frappe d'avance d'un caractère maléfique tout ce qu'elle peut entreprendre, même lorsque par hasard les apparences sont en sa faveur. Elle a sur elle le mauvais sort. Tout ce qu'elle touchera, elle le brisera ou le corrompra.

Encore une fois, en ne dissipant pas nettement l'équivoque dreyfusienne, les catholiques français dirigeants, prêtres ou laïques qui savent, vont-ils permettre à l'*Action française* de continuer sa campagne immorale et anti-nationale ?

Ainsi qu'ils ne l'ignorent point, c'est dans cette équivoque qu'elle trouve son principal point d'appui, et ne pas y mettre fin, ne fût-ce qu'en se taisant, c'est se rendre ses complices, combattît-on d'autre part sa politique, ce qui est le cas de l'*Action libérale* de M. Jacques Piou. L'action électorale est peut-être utile, encore qu'il soit permis de n'y attacher qu'une importance secondaire, mais l'action morale est sûrement indispensable pour peu qu'on veuille maintenir les assises fondamentales d'un peuple, et de nos jours plus que jamais, et de plus en plus à l'avenir. Inutile de cacher la vérité : *on la saura* malgré tous les mensonges, toutes les broussailles juridiques ou autres, toutes les manœuvres. *Elle est en marche*, et rien ne saurait l'arrêter, pas même l'ironie. Qu'on le veuille ou non, elle franchit successivement ses étapes, et arrive à point nommé, faisant écrouler toutes les mauvaises combinaisons et renversant les échafaudages factices. Cette affaire Dreyfus elle-même n'a-t-elle pas été assez significative à cet égard ?

Les catholiques français entendent-ils, une fois de plus, se faire écraser sous les décombres, en compagnie de MM. Edouard Drumont, dévot satanique, et de M. Charles Maurras, athée positiviste ? Entendent-ils se faire *achever ?*

Dans le livre dont j'ai parlé précédemment, on trouve la lettre suivante qu'un évêque avait fait écrire à M. Léon Chaine, par un haut dignitaire de son clergé diocésain.

« Monseigneur me charge de vous dire qu'il a pris le plus vif intérêt à votre communication. Il est absolument regrettable que l'attitude passive et effacée de la plus grande partie du clergé, pendant que l'opinion était soulevée par l'affaire Dreyfus, ait paru encourager ou approuver les passions et la partialité de quelques personnalités plus ou moins autorisées à représenter les intérêts religieux.

« Mais Monseigneur, tout en reconnaissant le bien fondé de vos regrets, juge qu'il est trop tard aujourd'hui pour prendre attitude en cette affaire.

« Sa Grandeur s'abstiendra donc de tout acte qui serait de nature, à réveiller les souvenirs de l'affaire. *Mais elle souhaite vivement qu'une nouvelle expérience trouve l'opinion catholique plus préparée qu'elle ne l'a été, et elle approuvera vos efforts dans ce sens.*

« Personnellement, Monsieur, j'ai profondément regretté, à partir de l'heure où il n'a plus été possible de douter de certaines irrégularités criminelles, que la conscience publique, *ou ses représentants les plus autorisés*, ne parlât plus haut ».

A première vue, il semble que cet évêque était un peu exigeant ou peut-être ironique.

En effet, si généreuse que soit la Providence, il serait sans doute exagéré de lui demander une affaire Dreyfus tous les dix ans, pour permettre aux consciences assoupies ou timorées qui n'osèrent point faire leur devoir la première fois, de le remplir les fois suivantes.

Ce serait-là un petit jeu qui coûterait vraisemblablement trop cher. Pourtant, en la circonstance, la dite Providence s'est montrée d'une générosité vraiment royale, dont, au surplus, la France se serait bien passée. Elle n'a point suscité une nouvelle affaire Dreyfus, mais elle a fait recommencer l'ancienne. C'est beaucoup plus que l'on ne pouvait espérer, c'est même trop, et sans doute a-t-elle voulu mettre l'évêque en question et les catholiques français, à même de se « rattraper ». Il n'apparaît point qu'ils le comprennent ; la « nouvelle expérience » dont parlait notre prélat, les trouve aussi mal préparés que la première, mais peut-être attendent-ils la troisième.

J'espère fermement pour notre pays que la Providence se montrera cette fois-ci, sourde à leur appel. Et tant pis pour les expériences de ces messieurs.

V

Le point de vue de M. Etienne Lamy. Fréquentes interventions de la Cour de Rome dans les affaires intérieures des Etats. — Léon XIII et le Ralliement. — Des évêques polémistes, semblant avoir plus de fougue que de jugement. — Une encyclique qui eût été opportune. Une niaiserie qui a tourné au drame mondial.

Après avoir établi les responsabilités des catholiques dirigeants, prêtres et laïques, considérés individuellement, il convient aussi d'examiner avec déférence, mais sans vaine complaisance, celles de l'Eglise Officielle ou du Saint-Siège lui-même.

J'ai parlé précédemment d'une réponse qui m'avait été faite par M. Etienne Lamy, et de laquelle il semble résulter que pour l'éminent académicien, ancien directeur du *Correspondant* — revue très importante ayant une influence considérable dans les milieux catholiques et dans le monde épiscopal — Rome a fait tout son devoir en observant strictement la neutralité absolue.

S'il ne s'agit que du point de vue officiel, je suis de l'avis de M. Etienne Lamy, et je déclare une fois de plus que le Saint-Siège n'avait évidemment pas à intervenir par quelque encyclique retentissante, sauf, peut-être, par un côté spécial que je ferai ressortir plus loin.

Mais devait-il en être de même du point de vue officieux ?

On se plaît à dire généralement, que Rome doit se tenir au-dessus des contingences politiques et sociales, en se gardant soigneusement d'intervenir dans les affaires intérieures des Etats, mais on sait assez qu'il n'y a là qu'une formule, et M. Etienne Lamy l'ignore moins que tout autre, lui qui fut un des champions marquants du « Ralliement. »

Avec Léon XIII, en effet, le Vatican est intervenu contamment dans la politique intérieure de tous les pays plus ou moins catholiques, France, Belgique, Italie, Espagne, Allemagne, Amérique. Tous ceux qui sont tant soit peu au courant de la politique française contemporaine, connaissent la persistante action de ce pape dans ce que l'on appelé la politique du « Ralliement », spécialement caractérisée encore aujourd'hui, par *l'Action libérale populaire* et son président M. Jacques Piou, par *le Sillon* de M. Marc Sangnier (1), et par tous ceux qui s'inspirant plus ou moins logiquement des encycliques sociales de Léon XIII, mais surtout de ses *directions officieuses*, s'intitulent démocrates chrétiens. Journaux nouveaux, main-mise sur les journaux anciens, communications par l'intermédiaire du Nonce ou de hautes personnalités catholiques,

(1) Pie X vient à son tour — dans un sens inverse à celui de Léon XIII — de condamner récemment la *doctrine politique* du Sillon, et il n'a point hésité, pour cela, à rédiger une encyclique.

audiences retentissantes, notamment celles de M. Ernest Judet, alors au *Petit Journal* et de Mme Séverine au *Figaro* — nombreuse correspondance officielle, surtout avec M. Delcassé, par le canal du Nonce et de notre ambassadeur, tout fut mis en œuvre pour amener les catholiques français à se rallier à la République. On dit, il est vrai, que c'était pour mieux l'étrangler, et c'est bien possible, cette *combinazione* paraissant être assez en harmonie avec le génie italien de Léon XIII, mais il ne nous importe nullement d'élucider ce point, en ce débat où, pour les nécessités de notre thèse, nous devons nous borner à la constatation d'un fait : l'intervention pontificale en matière de politique intérieure, dans tous les pays catholiques et plus particulièrement en France.

Cette intervention est-elle fondée ou non, et si oui, dans quelle mesure ou quelles limites, nous n'avons pas davantage à nous en préoccuper ici, mais nous avons le droit d'en prendre acte pour nous étonner qu'elle ne se soit pas produite au sujet d'une question aussi grave que l'affaire Dreyfus, qui depuis dix ans a mis la plus grande nation catholique du monde, en état de guerre civile.

En vérité, cette intervention se fût pour le moins aussi justifiée que celle du Saint-Siège, faisant « exprimer ses désirs » au Centre allemand pour l'engager à voter le Septennat, c'est-à-dire des Crédits militaires pour 7 ans, crédits devant permettre à M. de Bismarck d'être mieux prêt pour la guerre, et donc, peut-être, de *la chercher plus facilement*.

Nous nous étonnons qu'elle ne se soit pas produite autrefois, et aussi, et peut-être davantage encore, qu'elle ne se produise point aujourd'hui, en présence de la recrudescence de fanatisme anti-dreyfusien des catholiques qui suivent ouvertement *l'Action française*, ou de ceux qui s'en rendent les complices muets ou passifs, soit au total, tous les catholiques français, sauf quelques rares individualités éparses par ci par là.

M. Etienne Lamy estime-t-il que la conduite de ces catholiques, d'une part, et le silence de Rome, d'autre part, ne constituent pas un tout suffisant pour compromettre le catholicisme lui-même, comme je le lui disais dans notre entretien ?

Rappellerai-je, au surplus — et cela aussi compromet peut-être quelque peu le catholicisme — l'attitude de certains évêques qui, au cours de *l'affaire*, se montrèrent plus fougueux que des polémistes et pas beaucoup plus justes. En bon français, ces « vaillants prélats », comme on les appelle, eussent mérité d'être « crossés », car si personne n'est plus digne de respect — de quelque opinion que l'on se réclame — qu'un véritable pasteur d'âmes se tenant dans la région sereine et calme qui doit être la sienne, personne, par contre, ne mérite d'être plus sévèrement réprimé qu'un évêque qui, s'abaissant jusqu'au polémiste vulgaire, parle ou écrit sous l'empire de ses passions ou de ses préjugés, sans s'assurer au préalable que ce qu'il dit est bien conforme à la vérité des faits, sur laquelle il ne saurait y avoir de divergences, comme en matière de doctrines.

Quelques-uns d'entr'eux ont écrit des pages ou des articles vraiment extraordinaires sous la plume d'évêques. Et de deux choses l'une :

Ou ils étaient de bonne foi, et alors que penser de leur jugement, ou de leur légèreté d'esprit, au cas où dans une affaire aussi grave, ils s'en seraient rapportés aux affirmations de la presse nationaliste et réactionnaire, au lieu de l'étudier par eux-mêmes, comme j'ai pu le faire moi-même et tant d'autres comme moi ;

Ou ils étaient de mauvaise foi, comme les polémistes dont ils s'inspiraient, et alors...

Dans les deux cas, pour des évêques, pour des pasteurs d'âmes de cette importance, c'est une terrible responsabilité qu'ils ont ainsi assumée.

Qui eût pu les crosser ?

Et si l'on pensa à Rome —où depuis longtemps on savait à quoi s'en tenir sur le fond de l'affaire, la Cour du Vatican étant la mieux renseignée de l'univers — qu'il y avait lieu de se placer au-dessus des contingences politiques et de ne pas intervenir *officiellement*, que n'agit-on pas officieusement ?

On en avait d'autant plus le devoir que sans même prendre parti dans les complexités de la procédure, un cas particulier se présentait qui, par son caractère moral, relevait essentiellement et directement du Pape en tant que docteur suprême de la Foi et de la morale.

Croit-on, en vérité, que l'on eût trouvé extraordinaire, dans le monde civilisé, une intervention officieuse, voire même une encyclique du Pape condamnant le faux sous toutes ses formes, le qualifiât-on de patriotique, au moment où un faux dit de cette nature, précipitait visiblement un grand pays dans les agitations et la guerre civile ?

Car c'est bien sur ce faux et uniquement, qu'est repartie l'affaire Dreyfus. Après l'aveu et le suicide du colonel Henry, elle allait tourner court et tomber dans le fait-divers plus ou moins important pouvant se régler sans retard et incapable désormais de soulever l'opinion publique. Déjà M. Edouard Drumont lui-même, à moitié assommé par le coup, commençait à battre en retraite, lorsque M. Charles Maurras s'avisa de son ingénieuse trouvaille.

Et ce fut, derrière ce matérialiste, la ruée des catholiques français, les souscriptions dites des *Listes rouges*, la chasse à l'homme et la danse du scalp. On avait été excusable jusque-là, à partir de ce jour on devint criminel. Temps de honte et d'ignominie dont on ne saurait soupçonner toute l'horreur et la tristesse que si on l'a vécu !

Ah ! il ne faisait pas bon alors, de se dire dreyfusard, surtout dans les milieux militaires, et de douter de la parfaite honorabilité d'Esterhazy à qui le prince Henri d'Orléans avait publiquement donné l'accolade ! Quel flair, Monseigneur !

Cette ruée ne se fût point produite — sans l'appoint des catholiques, le parti dit nationaliste ne comptait même pas — si les évêques et surtout le Saint-Siège, même sans parler directement de l'affaire Dreyfus, avaient pris soin de déclarer à haute et intelligible voix, conformément au devoir de leur charge, que le faux doit toujours être condamné sous peine, pour la société, de tomber dans la « morale relative » qui est non seulement le renversement et la négation du catholicisme, mais de tout ordre politique et social.

Rome ne parla point, ni officiellement ni officieusement, et les catholiques français, guidés par de mauvais bergers, s'enfoncèrent de plus en plus dans ce qui n'avait été tout d'abord qu'une erreur judiciaire et qui devint ainsi, par leur faute, un crime contre la Patrie, contre la vérité et contre la justice.

Ce n'est en effet, que par suite de la résistance des anti-dreyfusards contre l'œuvre de réparation et de justice, que cette affaire Dreyfus — dans laquelle, au fond et suivant l'expression vulgaire, « il n'y avait pas de quoi fouetter un chat » — s'est transformée au point d'atteindre les proportions gigantesques que l'on connait. A proprement parler, il n'y a pas eu de trahison, les documents du fameux bordereau n'ayant qu'une importance de trente-sixième ordre. Esterhazy lui-même, le grand coupable qui les livra, ne fut pas un traitre mais un rastaquouère peu scrupuleux qui profita de ses fonctions de contre-espion pour fournir de temps à autre des documents vrais mais peu importants, et escroquer ainsi plus ou moins habilement l'attaché militaire allemand, comme il eût escroqué le Pape lui-même, s'il l'avait pu, bien qu'il fût bon catholique. Homme « des grands bars et des grands cercles », lui aussi, Esterhazy avait de fréquents besoins d'argent, et ce ne sont certes pas les mensualités que lui servait Schwartzkoppen qu'il faut lui reprocher le plus, puisque, en somme, il ne lui a livré aucun document sérieux. Après tout, ce n'était qu'une petite reprise sur les cinq milliards, et cela le rend presque sympathique.

Ce ne sera pas un des moindres étonnements de l'histoire qu'une affaire aussi puérile et aussi niaise que l'affaire Dreyfus, ait pu ainsi déchaîner la guerre civile dans tout un grand pays et agiter l'univers entier. Née des imprudences, d'ailleurs courantes et légères, de quelques officiers plus malheureux que coupables, mais ayant peur, comme la plupart des hommes en général et des officiers en particulier, des responsabilités et des histoires, et surtout des journaux, elle n'a atteint son prodigieux développement que parce que les malheureux, une fois pris dans l'engrenage, n'ont plus eu le courage de se ressaisir, et, inconsciemment, ont tout fait crouler autour d'eux. Tous les acteurs militaires ont eu peur dans cette affaire : les officiers du service des renseignements, de leurs grands chefs, et le général Mercier, ministre la guerre, de la *Libre Parole* et de la presse d'opposition, ce qui l'a empêché, tout à fait au début, en 1894, de faire prononcer une ordonnance de non-lieu en faveur de Dreyfus, comme il en avait l'intention.

Et c'est ainsi que M. Edouard Drumont qu'on connaissait comme prophète, mais qu'on ne savait pas être un si grand foudre de guerre, peut se vanter d'avoir fait peur à un Général français.

VI

Le fameux article 445 — Trois cas de psychologie. — Dreyfus et la Cour d'assises — Le respect des formes juridiques.

L'innocence de Dreyfus étant un fait certain, il nous faut examiner les raisons qui ont pu porter la Cour de Cassation à proclamer directement cette innocence en cassant le jugement de Rennes sans renvoi devant un nouveau conseil de guerre, contrairement au texte du fameux article 445 du Code d'Instruction criminelle.

Car ce texte est formel, et il ne servirait à rien d'ergoter. La Cour le sait d'ailleurs fort bien, puisque malgré les provocations écrites ou verbales, répétées tous les jours et en toutes circonstances, elle se garde bien d'en poursuivre les auteurs.

Dira-t-on que c'est par un simple dédain, et quelques-uns l'ont dit ?

Ce serait puéril et ceux-là même qui l'ont dit n'y croient point.

Non, c'est par impuissance.

J'ai écrit précédemment :

« *Dans un sens ou dans l'autre, on ne pourra sortir de l'affaire Dreyfus que par une bonne foi absolue ou par l'esprit de vérité.* »

J'ai eu le regret de constater que beaucoup de dreyfusards de la première heure, que j'avais admirés en leur temps, et Dreyfus lui-même, ont semblé manquer un peu de cette bonne foi absolue, à propos de l'article 445.

Et certes, les réponses successives de Dreyfus à *l'Action française* et autres journaux du même bord, témoignaient d'une certaine habileté juridique assez propre à embrouiller le débat, mais c'est justement cette habileté-là que je lui reproche, car s'il est une affaire où il ne faut point d'habileté ni de subtilités, et qu'il ne faut point embrouiller, c'est bien la sienne.

Dreyfus n'avait qu'à se taire, si pénible que fût pour lui l'impuissance où il se trouvait de faire châtier des accusateurs qu'il a le droit d'accuser lui-même de mauvaise foi, sans se soucier des considérations de l'immorale raison d'Etat par laquelle ils sont guidés en toute cette affaire.

De même a-t-il été très mal inspiré en engageant de nombreux procès devant la juridiction correctionnelle à propos du mot « traître » qu'il a affecté de ne considérer que comme une injure, alors qu'il constitue évidemment une diffamation relevant de la Cour d'assises.

Devait-il donc aller en Cour d'assises ?

Non, et ceci va nous amener à examiner quelques cas psychologiques.

Faisons d'abord la psychologie de « l'arrêt de cassation sans renvoi », et ce sera le premier cas.

Dans sa dédicace de ce qu'elle appelle le talisman, *l'Action française* écrit quotidiennement :

« Devant les preuves éclatantes de la trahison, les seuls juges compétents dans un pareil procès, les juges militaires auraient sûrement prononcé une troisième condamnation. La Cour de Cassation a donc cassé sans renvoi. Mais la loi est impérative, formelle : elle prescrivait le renvoi en conseil de guerre ».

A cette formule, substituons la suivante qui est celle dont se sont inspirés les membres de la Cour de Cassation :

« Devant les passions religieuses et politiques soulevées par l'affaire Dreyfus, et aussi les complexités d'une procédure embrouillée à plaisir, il était à craindre que les juges militaires pouvant être appelés à prononcer en dernier ressort, ne possédassent point la sérénité d'esprit nécessaire ni même la compétence voulue, pour juger en toute équité. Dans ces conditions, comme ils en avaient déjà donné le triste exemple à Rennes, peut-être auraient-ils prononcé une troisième condamnation qui aurait prolongé une agitation néfaste n'ayant déjà que trop fait de mal au pays. Dans l'intérêt supérieur de la vérité, de la Justice et de la Patrie, la Cour, passant sur une simple forme de la Légalité qu'il ne faut point confondre avec le Droit, a donc ordonné la cassation sans renvoi ».

Voilà pour le fond de l'arrêt et il n'est point

douteux que telles sont bien les considérations qui ont inspiré les membres de la Cour.

Elles sont toutes à leur honneur, mais il n'en est pas moins vrai qu'ils ont un peu triché en la circonstance, et qu'il y a du chat fourré dans leur arrêt où le fameux article 445, sans être passé sous silence, est habilement interprété, trop habilement interprété, même, si l'on ne tient compte que des formes juridiques et non de la vérité des faits, en l'espèce, de l'innocence de Dreyfus dont les preuves sont en effet, éclatantes.

Mais justement la Cour de cassation n'a pour mission que de sauvegarder les formes juridiques, ce qui est d'ailleurs purement absurde, ainsi que je m'en expliquerai plus loin.

Quoi qu'il en soit, elle a triché, et elle a triché *dans l'espoir qu'on ne s'en apercevrait pas*, comme le prouve l'habile dispositif de son arrêt, *juste* puisque conforme à la vérité du fait, mais *illégal*.

Heureuse tricherie, au surplus, et heureuse illégalité : sans elles nous serions peut-être dans une impasse autrement redoutable que celle de l'article 445, puisque le crime sur le fond de l'affaire aurait pu se prolonger en s'aggravant.

On peut, du reste, être assuré que l'*Action française* ne saigne pas outre mesure de la violation de l'article 445, bien qu'elle crie très fort, le respect des formes juridiques n'ayant qu'une importance très secondaire dans ses doctrines de gouvernement. En la circonstance, elle ne les défend pas par souci des principes, mais parce que cela lui permet d'atteindre ses adversaires sur un point vulnérable. C'est de bonne guerre et on ne saurait la blâmer ; les dits adversaires en feraient sans doute autant s'ils le pouvaient.

Examinons maintenant le deuxième cas psychologique.

Pourquoi Dreyfus ne doit-il pas aller devant la Cour d'Assises ?

Parce que pour tout ce qui se rapporte à son affaire, il est à craindre que les jurés s'inspirent beaucoup plus de leurs passions que de la vérité des faits, cette vérité leur apparût-elle même éclatante comme dans le cas Grégori.

Grégori ne niait point avoir tiré sur lui, puisque, au contraire, il s'en vantait, mais les jurés ont acquitté tout de même. Dans ces conditions, Dreyfus risquerait de se présenter, non devant des juges éclairés et impartiaux, mais devant des ennemis politiques, passionnés et vraisemblablement ignorants, desquels il n'aurait aucune justice à attendre.

Le même cas se présente pour les membres de la Cour de Cassation et tous autres ministres, parlementaires ou hommes politiques, que le jury jugera toujours en fonction de ses opinions ou passions et non de la vérité des faits. D'où il appert que la fameuse justice du peuple — que par une de ces conceptions ridicules et absurdes comme il y en a tant, on prétend incarner en douze bonshommes quelconques — n'est qu'une de ces fameuses blagues dont l'expérience des faits fera revenir de plus en plus les plus enragés démocrates eux-mêmes.

Et l'on peut être assuré que l'*Action française* qui, conformément à ses doctrines, se moque de cette justice-là comme des formes juridiques, ne la revendique si haut que pour mettre ses adversaires en contradiction avec leurs principes. Encore une fois, c'est de bonne guerre.

Ne pouvant pas se risquer devant la Cour d'Assises, Dreyfus s'est résolu à poursuivre ses accusateurs devant la juridiction correctionnelle, pour injure et non pour diffamation, et nous tombons maintenant dans le troisième cas psychologique.

Le raisonnement qu'il s'est fait est sans doute le suivant :

« Je ne poursuivrai que pour injures, mais comme je demanderai des centaines de mille francs de dommages-intérêts, le résultat sera le même.

« Pour réduire ces gens-là, ce n'est pas de la prison qu'il faut, en effet, mais frapper à la caisse, très fort, aussi fort que possible, de façon à les « museler » et peut-être même à les ruiner. Evidemment, à ne s'en tenir qu'aux formes juridiques, cela relève de la cour d'assises, mais comme les magistrats de la correctionnelle connaissent mon innocence et qu'ils doivent être indignés, d'autre part, des attaques dirigées contre la cour de Cassation, j'ai tout lieu d'espérer qu'ils s'attacheront plus au fond qu'à la forme du débat, et qu'ils puniront très sévèrement, d'autant plus que le gouvernement et tous les républicains sont outrés de la campagne de *l'Action française* et de l'agitation qu'elle entretient dans le pays ».

Mon Dieu ! je ne dis point que ce raisonnement fût criminel, mais c'était mettre les juges correctionnels en bien mauvaise posture.

S'il s'étaient déclarés compétents, leur jugement risquait, en effet. d'être cassé en appel ou peut-être même devant la Cour de Cassation, et s'il avait été confirmé, la magistrature s'engageait dans une nouvelle impasse de la même nature que celle de l'article 445. *L'Action française* aurait eu beau jeu pour la défier ensuite une fois de plus devant la Cour d'Assises, et il en fût résulté pour elle un discrédit de plus en plus grave.

D'autre part, que serait devenu ce fameux respect des formes juridiques au seul nom duquel fut d'abord entreprise la revision du procès Dreyfus, et derrière lequel se groupèrent tous les partisans de la légalité, avant même de savoir si le capitaine était réellement innocent ?

Pourquoi ne protestaient-ils pas aujourd'hui ?

On voit d'avance le thème de facile ironie et de légitime suspicion que *l'Action française* n'eût pas manqué de développer, et auquel les dits partisans eussent été bien embarrassés de répondre, pas plus qu'ils ne peuvent logiquement répondre à propos de l'article 445.

Mais ce n'est pas à dire, toutefois, qu'il n'y ait rien à faire, et c'est ce que nous étudierons.

VII

Un vice fondamental de notre organisation politique. Jurys et conseils de guerre incompétants et irresponsables. — Décentralisons sans séparer. — L'erreur de Montesquieu. — Lois de circonstance.

Je demande la permission de reproduire ici, les lignes suivantes, extraites d'un de mes livres paru en novembre 1905.

« Il est bon de faire remarquer, du reste, que dans toutes ces questions, les prétendus libéraux supposent toujours *a priori*, sans même s'en douter, l'arbitraire du Pouvoir et l'impartialité du juge. Mais peut-être conviendrait-il de renverser souvent les termes de la proposition et de reconnaître que l'on peut au contraire, se trouver en présence d'un Pouvoir éclairé et consciencieux en opposition avec des juges passionnés et partiaux, animés de l'esprit de coterie ou de caste, par exemple, ou incompétents par suite de leur ignorance dans la question. Quelle garantie trouve-t-on alors dans leur indépendance (vis-à-vis du Pouvoir veux-je dire), et ne constitue-t-elle pas dans ce cas un véritable danger social ? Certaines questions peuvent, en effet, avoir quelquefois une portée sociale dépassant tellement le cadre judiciaire, ou législatif, ou administratif, bien qu'elles y soient comprises en apparence, que seul le Pouvoir peut être en mesure de les trancher directement, dans une vue générale et supérieure des intérêts sociaux dans leur ensemble ».

J'ai modifié deux mots qui ne seraient compréhensibles qu'en lisant le livre même en entier.

Cette citation permet de se rendre compte tout de suite de l'un des vices fondamentaux de notre organisation politique. Par réaction contre les abus d'autorité des anciens gouvernements, nous avons, sur un grand nombre de questions, dépossédé le gouvernement de toute autorité fondamentale et indispensable. Mais comme cette autorité ne pouvait point disparaître parce qu'elle est dans la nature des choses, parce qu'il faut toujours que quelqu'un décide, nous l'avons transférée à des organismes secondaires, sans réfléchir qu'il n'y avait absolument aucune raison pour que ces organismes ne commissent point des abus à leur tour, pour peu qu'ils y eussent intérêt.

Nous avons ainsi fait une faute capitale, qui en temps de crise, surtout, ne peut être qu'une source d'anarchie.

Prenons des exemples.

Dans l'ordre judiciaire, le gouvernement et la Cour de Cassation elle-même, n'ont aucune autorité pour juger sur le fond, mais cette autorité appartient à douze citoyens quelconques ou à sept officiers improvisés juges du jour au lendemain, et qui décident souverainement. De là les condamnations répétées de Dreyfus et de Zola, l'acquittement de Grégori, et tant de verdicts des jurys ou des conseils de guerre, uniquement inspirés par l'atmosphère ambiante ou par les opinions politiques ou religieuses.

Evidemment, ces jurés et ces officiers sont indépendants vis-à-vis du Pouvoir, mais le sont-ils vis-à-vis de leurs passions et de leur milieu ?

Tout bien considéré, ne fût-ce que par suite de leur incompétence coutumière et de leur caractère essentiellement transitoire de juges sans responsabilité, la société n'a-t-elle pas plus à craindre de leurs abus d'autorité que des abus du Pouvoir ?

La réponse nous est fournie par les faits que je viens de citer, en même temps que par le simple bon sens.

Et que ces jurés, ces officiers ou tous autres juges improvisés, bourgeois, ouvriers, paysans, puissent se trouver absous devant leur conscience ou leur Dieu, c'est bien possible, mais on ne saurait les justifier vis-à-vis de l'Etat, qui, sur certains points essentiels ou vitaux, ne peut pratiquement subsister que par l'unité de doctrine et de direction.

Autre exemple.

C'est le Conseil de l'ordre de la Légion d'honneur qui, en matière de décorations, détient l'autorité souveraine, et il s'empresse de rayer Zola et de Pressensé pour l'action la plus méritoire de leur vie, cependant que lorsqu'il lui plaît, il oppose son veto absolu au Pouvoir central, obligé de s'incliner.

En quoi cette autorité apparait-elle plus juste et plus judicieuse que si elle était, en certaines circonstances complexes où les questions perdent leur caractère professionnel pour devenir nationales, exercée par le dit Pouvoir ? Les abus ontils disparu ou sont-ils moins criants ?

En étudiant les organisations professionnelles ou les groupements locaux, on pourrait citer une infinité d'exemples où il ne semble point que la transmission de l'autorité souveraine du Pouvoir à l'organisation ou au groupement, soit une meilleure garantie d'administration ou de justice.

Et qu'est-ce à dire ?

Que dans ce pays qui souffre déjà tant d'une centralisation excessive, il faille centraliser encore, centraliser toujours, en dépouillant les organismes secondaires de toute initiative, de toute liberté et, par conséquent, de toute responsabilité ?

Une pareille absurdité ne saurait plus venir aujourd'hui à l'esprit de personne.

C'est au contraire, sur la base locale ou professionnelle, avec des franchises complètes et une entière responsabilité, qu'il faut de plus en plus organiser l'ordre politique ou social. Chaque groupement, de quelque nature qu'il soit, devrait pouvoir se gérer et s'administrer lui-même, avec une liberté que je voudrais voir presque illimitée, et à ses risques et périls.

A une condition toutefois : c'est que les dits risques et périls, et de même, ses privilèges ou franchises, ne puissent pas porter atteinte aux groupements voisins ou à la collectivité sociale elle-même.

Lorsqu'il en sera ainsi, il faudra que quelqu'un puisse intervenir pour mettre chacun à sa place et le contenir dans de justes limites.

En d'autres termes, administrations par groupes et autorité souveraine déléguée à chaque groupe, mais sous la réserve que la dite autorité sera *constitutionnellement* subordonnée à une autorité centrale et supérieure qui pourra intervenir légalement lorsqu'elle le jugera à propos, tout en ayant pour règle de n'intervenir que tout-à-fait exceptionnellement, si un intérêt général est en jeu.

Qu'on y réfléchisse bien. Ce Pouvoir central ne serait lui-même qu'un *organisme professionnel* dont le métier à l'avenir, tout en dirigeant de très haut et en ne s'immisçant plus dans les détails, serait de gouverner en liant et en coordonnant. Chaque association ne peut être compétente que dans sa partie, et toute partie est nécessairement comprise dans le tout. Il s'établit toujours de l'une à l'autre un double courant d'action et de réaction qui ne peut être canalisé ou réglé que par un organisme professionnel adéquat, le Pouvoir central, avec ses divers éléments de consultation, d'administration et d'exécution.

En dehors de ce principe fondamental, et quelle que soit la nature du Pouvoir central, il ne peut y avoir que conflits de groupes à groupes, ou entre les groupes et l'Etat, c'est-à-dire anarchie et chaos.

Dans tous les domaines, la constitution ou la loi doivent être établies de manière que le pouvoir central, responsable des intérêts de la collectivité tout entière, puisse avoir le dernier mot. C'est à ce Pouvoir, et non aux organismes professionnels ou locaux, que doit appartenir le veto absolu et le droit de prendre telle décision souveraine conforme à l'intérêt national, suivant sa doctrine fondamentale de gouvernement. Qu'on multiplie toutes les garanties possibles, de fond et de forme, en faveur de l'indépendance des groupes et des individus, rien de mieux. Nul sociologue conscient de notre temps et de la marche du progrès, ne saurait s'opposer à ce qu'on entre de plus en plus dans une voie de pleine clarté, d'autonomie et de responsabilité à tous les degrés, mais en aucun cas, il n'est pas possible d'admettre qu'un groupe, un fonctionnaire ou un citoyen quelconque, puisse se dresser en révolté contre le Pouvoir central et avoir le dessus. Ce serait là la négation de tout ordre politique ou social, à moins que ce révolté se substituant lui-même au dit Pouvoir, ne devienne l'autorité dirigeante.

Il est regrettable que la Constitution française et notre organisation politique ne reposent point sur ces principes fondamentaux. Ainsi que je l'ai démontré dans un de mes livres, Montesquieu — dont nous nous sommes trop servilement inspirés — aurait dû proclamer la « séparation des attributions » et non la séparation des pouvoirs. Séparer le pouvoir, c'est le détruire. Si encore nous nous en étions tenus aux trois divisions classiques, exécutif, législatif, judiciaire ! Mais nous avons une quantité de sous-divisions *absolues*, et elles seraient excellentes si tout en étant la règle dans le cas normal et habituel, on les pouvait dépasser ou abolir lorsque besoin serait. Qu'en principe, la Cour de Cassation ne juge point sur le fond, rien de mieux, si l'on veut, mais elle devrait pouvoir le faire toutes les fois qu'elle le croirait à propos, dans n'importe quel procès, de manière, surtout, à ne pas aboutir à ce scandale destructeur de toute justice et de tout prestige de l'autorité : un conseil de guerre ou un tribunal subalterne quelconque jugeant le contraire de la Cour de Cassation, et son jugement faisant loi. C'est détruire ainsi, de gaieté de cœur, toute unité du Pouvoir judiciaire, émietté dans cent tribunaux, après avoir détruit déjà celle du Pouvoir central, auquel peut faire obstacle le pouvoir judiciaire, à moins de faire des lois nouvelles, des lois de circonstance.

C'est de ce dernier pouvoir que relevait essentiellement l'affaire Dreyfus, après le verdict scandaleux de Rennes.

Et l'on voudra bien remarquer que c'est bien ce dernier qui l'a tranchée, mais par une solution bâtarde. celle de la grâce, la seule que permit notre constitution bâtarde, elle aussi. Et comme de juste, cette solution ne pouvait satisfaire personne, mais au contraire, aggraver l'équivoque aux yeux de la masse non instruite.

N'a-t-il pas fallu, d'autre part, violer le statut du Pouvoir militaire, pour réintégrer le colonel Picquart et Dreyfus dans l'armée et la Légion d'honneur ?

Ce qui prouve bien, une fois de plus, que les réalités se moquent de notre formalisme ou d'une légalité qu'il est nécessaire d'établir par avance sans doute, mais qu'on a le tort de dresser en un càdre rigide et inflexible dans lequel on prétend pouvoir faire rentrer tout l'imprévu de l'avenir. Et donc, et encore une fois, il est nécessaire, il est indispensable, que par avance aussi, la constitution soit rédigée de façon que le Pouvoir central, sans avoir besoin de faire des lois de circonstance, puisse intervenir lorsqu'il le jugera à propos et sous telles formes qu'il lui appartiendra de choisir au moment voulu, suivant les circonstances. Et il va de soi que ces circonstances seront très rares, mais enfin elles se produiront sûrement, d'où la nécessité de s'y attendre.

VIII.

Dès le suicide d'Henry, le gouvernement aurait dû intervenir politiquement dans l'affaire Dreyfus — La charrette Edouard Drumont, Charles Maurras, Georges Berry — Le sacrifice volontaire de Dreyfus — Le dernier prophète — La formule du « roi vengeur » et son application logique — Les inquiétudes légitimes de M. Arthur Meyer.

Dans une société politiquement bien organisée, l'intervention du Pouvoir central dans l'affaire Dreyfus, qui, à partir du premier procès Zola, avait perdu son caractère judiciaire pour se transformer en un très grave débat national, aurait dû pouvoir se produire même avant le verdict de Rennes, dès le suicide d'Henry, par exemple.

A partir de ce moment, un gouvernement qui se serait inspiré des réalités et non d'une idéologie plus ou moins creuse, aurait dû prendre des mesures très sévères contre les chefs des partis politiques qui s'opposaient à une revision calme du procès et déchaînaient la guerre civile dans le pays. On aurait pu en emprisonner quelques-uns, en déporter quelques autres et en guillotiner un certain nombre.

Je n'aurais pas compris dans ce dernier lot ce bon Coppée qui s'est laissé abuser comme un vieux gamin naïf qu'il était, ni peut-être même

Jules Lemaître, qui, encore qu'il fût enragé en ce temps-là, n'en a pas moins beaucoup d'esprit, et il faut ménager les hommes d'esprit parce qu'il n'y en a jamais de reste. Ni même Rochefort, les gens divertissants ayant aussi leur utilité.

Mais Charles Maurras et Edouard Drumont, par exemple, étaient tout indiqués pour monter les premiers dans la charrette. On ne saurait en effet, dans un Etat civilisé fondé sur la Morale, tolérer les inventeurs de faux patriotiques, dangereux ingrédients susceptibles d'empoisonner moralement une nation. Je suis du reste persuadé que Maurras et Drumont, qui sont des passionnés mais aussi des logiciens, auraient trouvé ça tout naturel.

Le premier n'a-t-il pas écrit, ainsi que je l'ai déjà rappelé : « Si Dreyfus était par hasard innocent, il faudrait le faire maréchal de France, mais une demi-douzaine de ses partisans resteraient dignes de la peine capitale. »

Maurras voulait et voudrait encore sans doute, s'il le pouvait, faire guillotiner des gens qui, même dans son hypothèse, seraient pourtant les défenseurs d'un innocent. Il ne saurait donc s'étonner que ses adversaires trouvent beaucoup plus plausible de le faire guillotiner, lui qu'ils considèrent comme le persécuteur de cet innocent, de la vérité et de la justice, et par conséquent comme un ennemi de l'ordre public. Donnant,

donnant, et il n'y a encore que la logique pour mettre d'accord tout le monde.

On a dit de même, à plusieurs reprises et sous des formes diverses : « Innocent ou coupable, peu importe ; on n'a pas le droit, pour un homme, d'agiter ainsi tout un grand pays. Si dès le début on lui avait « flanqué » douze balles dans la peau, ou qu'on l'eût proprement « expédié » dans la brousse africaine, tout ça ne serait pas arrivé. Lui-même, du reste, pour peu qu'il eût un peu de patriotisme, aurait dû se sacrifier plutôt que de plonger ainsi son pays dans la guerre civile ».

Evidemment, un homme n'est pas grand'chose ni même un certain nombre d'hommes, puisqu'il en meurt tous les jours des milliers et des milliers, et je conviens volontiers que la mort de Dreyfus n'eût pas été une calamité publique, pas plus, d'ailleurs que celle de n'importe qui, personne n'étant indispensable. Je ne suis pas de ceux qui gémissent sur la mort des hommes, fussent-ils très grands ou prétendus tels, et cela pour de nombreuses raisons d'ordres divers que je n'ai pas à expliquer ici.

Mais cela dit, je ne vois pas du tout que pour éviter la guerre civile, on ait jamais pu se trouver dans la nécessité de sacrifier un innocent et quelques-uns de ses partisans les plus marquants. A tout prendre, il me semble qu'il eût été aussi facile et peut-être même plus juste et plus moral, donc préférable, de sacrifier certains de ses accusateurs ou persécuteurs, en nombre suffisant pour « avoir la paix ». Au premier abord, il ne parait point que la mort de Drumont, ou même celle de Georges Berry, qui, le premier, lança la fameuse formule « innocent ou coupable » eussent pu être considérées non plus comme des calamités publiques. Je suis fermement persuadé que la France aurait fini par s'en consoler, et l'exemple eût au moins été moralisateur, ce qui était l'important.

Quant au sacrifice volontaire de Dreyfus, j'avoue qu'il n'eût pas manqué d'une certaine grandeur s'il avait été nécessaire, mais dans la réalité ce n'est point la patrie qui avait besoin de ce sacrifice — le salut d'un pays ne pouvant jamais par définition, consister dans la consécration d'une iniquité — c'est la gloire de Drumont et du parti antisémite. Oh ! je comprends très bien combien eut dû être précieuse à la France et au monde civilisé, la réputation d'infaillibilité du prophète Drumont — réputation que la réussite non contestée de la conspiration anti-dreyfusarde eût consacrée à jamais — mais il est aussi permis d'admettre que Dreyfus et ses partisans aient préféré le triomphe de la vérité au souci de cette réputation Et je sais bien que le prophète en a été ainsi quelque peu « défrisé », au point de n'être plus maintenant qu'un prophète pour rire, ce qui est d'autant plus désolant que nous n'avions que celui-là, mais qu'y faire ? Bah ! nous tâcherons de vivre sans prophète. ce qui espérons-le, ne sera peut-être pas impossible.

Comme on le voit, il n'est que de raisonner juste pour mettre chaque chose à sa place et faire à chacun sa part.

Précieuse méthode, susceptible de donner des résultats surprenants, si on sait l'appliquer judicieusement.

Revenons, par exemple, et puisque nous parlons de rendre justice à tout le monde, sur cette question du « roi vengeur » qui a été l'objet d'une polémique entre Charles Maurras et Arthur Meyer.

Dans son discours de San-Remo, Monseigneur le Duc d'Orléans a écrit : « Je ne vengerai que les injures faites à la Patrie ! ».

La formule serait acceptable si elle ne comprenait point le mot « venger » qui en tout état de cause et par définition, ne peut jamais exprimer qu'un sentiment de haine et ne saurait donc être rattaché à l'idée de justice. Aussi la *Correspondance Nationale*, organe officiel du Prince, par des commentaires embarrassés, s'est-elle efforcée d'effacer ce mot malencontreux et d'y substituer le mot « châtier », ce qui lui a permis d'approuver Charles Maurras et de désavouer Arthur Meyer. Acceptons ce dernier mot et la formule se transforme du tout au tout, encore qu'il ne soit jamais agréable de châtier, mais enfin c'est indispensable dans certains cas. Cela ne veut pas dire, d'ailleurs, qu'il soit très politique pour un prétendant, d'annoncer les futurs châtiments, dussent-ils être justifiés, comme un des articles principaux de son programme de prétendue rénovation politique et sociale. On dirait qu'il s'en délecte à l'avance— tout au moins en donne-t-il l'impression au lieu—de s'y résigner simplement. Un chef foncièrement bon et généreux — ce qui n'exclut au surplus aucune fermeté — ayant plus au cœur l'amour de son pays que l'ambition du pouvoir, ne soulève jamais des questions de cette nature Un politique avisé ne les soulève pas davantage. On punit, *le moment venu*, puisque c'est malheureusement nécessaire. mais on n'en parle que le moins possible et si on est obligé d'en parler. En agissant autrement, on a plutôt l'air de se livrer à des représailles que d'accomplir des actes de justice. On voudrait faire songer à la *terreur blanche* dont on n'a cependant pas lieu d'être fiers, qu'on ne s'y prendrait pas autrement.

Quoiqu'il en soit, prenons la formule du duc d'Orléans, modifiée par son organe officiel et faisons-la nôtre pour un moment.

Ainsi que cela est amplement prouvé pour tous les gens éclairés et de bonne foi, il est incontestable que l'agitation anti-dreyfusarde, qui a été la cause d'une guerre civile non encore terminée, constitue l'un des plus grands crimes qui aient jamais été commis contre la Patrie. Et il faut vraiment que le gouvernement de la République soit animé d'une magnanimité ressemblant singulièrement à de la faiblesse, pour que ce crime n'ait pas encore été châtié.

Or, l'un des plus grands coupables, en dehors de ceux que j'ai cités précédemment, est évidemment le duc d'Orléans, qui, par ses discours et son action, est une cause permanente de désordre national, un crime vivant contre la patrie.

Ne serait-il pas équitable de lui appliquer le châtiment qu'il compte appliquer lui-même à ceux qui ont commis des crimes contre la Patrie ? Victime de sa propre loi, il ne saurait lui rendre de meilleur hommage, et j'imagine que cela lui serait une grande consolation, de nature à adoucir considérablement un châtiment sévère, cent fois mérité.

Je propose donc qu'on le pende haut et court, ou qu'on le fasse monter dans la charrette avec Drumont et Charles Maurras, et les précédant, ainsi qu'il conviendrait.

On rira de ma proposition, évidemment, et j'en ris moi-même tout le premier, mais cela montre justement le peu de valeur de toutes ces formules vagues que chacun entend à sa façon, *et ce n'est que sur la façon dont on les entend* qu'il faut les juger, *non sur les généralités* dans lesquelles on peut toujours se réfugier, *lorsqu'on est pris au piège de ses propres déclarations.*

C'est à ce piège que se sont pris M. Charles Maurras et la *Correspondance Nationale* qui l'a soutenu, les déclarations du premier sur le châtiment à infliger aux Juifs, et, d'une façon générale, à tous les dreyfusards, étant très catégoriques. M. Arthur Meyer a donc eu raison de s'élever contre cette conception « du roi vengeur » qu'on a vainement ensuite essayé de transformer en un roi justicier devant punir seulement des crimes contre la Patrie, vagues et indéterminés, alors qu'il s'agissait bien, au contraire, (les textes de l'Action française sont formels) d'infliger des châtiments à des catégories de citoyens nettement déterminées, et pour des faits non moins nettement déterminés, qualifiés de crimes par M. Charles Maurras et ses partisans.

Parmi ces catégories, se trouve le « peuple juif » pris en bloc, comme dit le leader *d'Action française.* M. Arthur Meyer a voulu savoir si sur ce point le duc d'Orléans pense comme l'un de ses porte-parole, et l'organe officiel du prince a répondu oui. Le directeur du *Gaulois* est ainsi fixé et on comprend qu'il ait tenu à l'être. La question est pour lui d'une certaine importance. encore qu'il se soit converti au catholicisme, l'*Action française* semblant mettre dans le même sac, les juifs convertis et les autres.

IX

Les formules vagues de M. Charles Maurras — Du rôle de la morale dans la politique — La Raison d'Etat et l'intérêt national — A trois siècles en arrière.

C'est assez le propre du parti royaliste, et plus particulièrement de *l'Action française*, et plus particulièrement encore de M. Charles Maurras, d'énoncer des formules très vagues commes celles que nous venons d'examiner et qu'il est si facile de retourner contre eux.

Mais comme ils les lancent très audacieusement, cela suffit généralement pour enthousiasmer leurs partisans et déconcerter leurs adversaires. L'assurance en effet, en impose toujours à la plupart des hommes dont bien peu sont capables de serrer de près une thèse et de la renverser, si elle est fausse.

J'ai parlé précédemment de la Raison d'Etat, une de ces formules qui pour être immorale, n'en possède pas moins au suprême degré, ce caractère vague dont nous avons parlé, et qu'on trouve à la source et tout le long de la politique de *l'Action française*.

Evidemment, *l'Action française* n'avouera jamais nettement et hautement que la Raison d'Etat telle qu'elle la comprend, peut se trouver en contradiction avec la Morale. mais elle l'avoue quand même en se retranchant derrière de subtils distinguo qu'elle croit habiles et qui ne sont que puérils, tout en soulignant clairement sa véritable pensée.

C'est ainsi qu'entre autres textes déjà cités et de bien plus nombreux encore que je pourrais relever, je trouve celui-ci sous la plume de M. Charles Maurras, dans *l'Action française* du 27 mars 1909 :

« Mais les idées que l'on nous conteste si àprement sont, au contraire, l'expression d'une vérité de principe et de méthode : *la politique* (c'est moi qui souligne) art et science du salut des Etats, est une chose ; *la morale*, règle des mœurs *personnelles*, en est une autre. Cela ne veut pas dire qu'il y ait antagonisme entre elles. Simplement, il y a différence, donc, comme disait Mgr d'Hulst à la tribune de la Chambre, nécessité de « distinguer pour ne pas confondre » : il est nécessaire de ne pas traiter de l'économie d'une grande nation *par des généralités sur la laideur du vice* ».

Distinguons donc.

Il est certain que l'épicerie et la bonneterie, arts d'approvisionner ses contemporains de denrées coloniales, de gilets de flanelle et de bonnets de coton, sont une chose et que la morale en est une autre. Mais cela ne veut peut-être pas dire que l'épicier et le bonnetier sont autorisés à s'affranchir des règles du commerce honnête ou de la morale, et à empoisonner leurs clients avec des denrées frelatées, ou à les voler sur la qualité des tissus On peut en dire autant de tous les commerces, de toutes les industries, de tous les genres de travail, de toutes les occupations ; que l'on soit au service de la collectivité, d'un patron, de ses camarades ou de soi-même, le travail que l'on fait est une chose et la morale en est une autre, mais tout travail, doit se faire en conformité de la morale, mais tout travail n'est bon, et utile, et respectable, que s'il est soumis aux règles de la morale dont les préceptes sont clairs et précis, de la morale qui interdit à l'homme d'Etat de commettre ou d'approuver des faux et de condamner un innocent, comme elle interdit au commerçant de tromper sur la qualité de la marchandise, au fonctionnaire de ne pas remplir son devoir professionnel pour lequel il est payé, au salarié de ne pas accomplir la tâche convenue. Les exemples pourraient être multipliés à l'infini.

A quoi rime donc le distinguo de M. Charles Maurras, même appuyé par Mgr d'Hulst ?

De deux choses, l'une :

Ou, comme nous l'avons vu et dans le sens que je viens d'exposer, toute fonction sociale ou individuelle — la fonction politique encore plus que toutes les autres à cause de son importance et de ses répercussions — doit être subordonnée à la morale, et alors le distinguo est inutile, ou plutôt encore, équivoque et dangereux ;

Ou la fonction doit être indépendante de la morale, et alors la doctrine de M. Charles Maurras est jugée, et avec elle, toute *l'Action française*, le duc d'Orléans qui l'inspire et l'approuve, ainsi que les catholiques français qui ouvertement, tacitement, ou passivement le soutiennent ou l'encouragent.

Ces catholiques pensent-ils comme M. Charles Maurras, que la morale ne doit être qu'une simple *règles des mœurs personnelles* n'ayant rien de commun avec la politique, art et science du salut des Etats. qu'on n'ose pas placer en antagonisme contre elle, mais qu'on n'en déclare pas moins être une chose différente, dans le sens non douteux de « chose indépendante », sous peine de ne vouloir rien dire, comme je l'ai montré ?

Ne sont-ils pas d'avis, au contraire, que la morale doit être aussi bien et bien plus encore, *une règle des mœurs collectives sous leur double forme politique et sociale*, qu'une règle des mœurs personnelles ?

Et croient-ils aussi, d'autre part, comme M. Charles Maurras semble le croire, que la morale consiste uniquement dans *des généralités sur la laideur du vice*? Ou bien, y voient-ils toujours toute une *énumération* de préceptes bien définis, tels qu'ils figurent au *Décalogue et au*

Sermon sur la montagne, préceptes que reconnaissent tous ceux qui se réclament de la morale, même s'ils n'en acceptent pas la base religieuse ?

Lorsque l'*Action française* n'invoque point la raison d'Etat, elle a recours à l'Intérêt national et c'est encore là une de ces formules essentiellement vagues dont nous avons parlé.

« Un vrai nationaliste, écrivent MM. Charles Maurras et Lucien Moreau, place la patrie avant tout, il conçoit donc, il traite donc, il résout donc toutes les questions pendantes dans leur rapport avec l'Intérêt national et non avec ses goûts et ses dégoûts, ses penchants ou ses répugnances ; avec l'Intérêt national et non avec sa paresse d'esprit, ou ses calculs privés, ou ses intérêts personnels ».

Croit-on qu'il soit vraiment utile de se donner l'air d'avoir « découvert » l'Intérêt national, pour dire que le citoyen ne doit pas se conduire suivant ses goûts et ses dégoûts, ses penchants, ses répugnances ou ses intérêts personnels, au détriment de son devoir social ?

On pose ainsi cet Intérêt national comme une espèce d'impératif catégorique insoupçonné jusqu'à l'avènement de l'*Action française* sur la scène du monde, comme une divinité nouvelle dont les tenants de l'*Action française* peuvent seuls dignement célébrer le culte mystérieux.

Mais quel est ce culte ? demanderons-nous.

Quelle est la *mesure* de l'Intérêt national tel que le comprend *l'Action française* ?

Est-ce la morale ?

Si oui, *l'Action française* ne fait que substituer un mot obscur et vague, à un mot précis et clair, ce qui ne semble pas constituer un gros progrès. Bien au contraire, il ne peut en résulter que des équivoques et des confusions, au gré des opinions ou des passions, chacun entendant l'intérêt national à sa façon, tandis que tout le monde ou peu s'en faut, convient assez volontiers qu'il ne faut point mentir, assassiner ou voler, altérer les faits ou faire des faux, pas plus au point de vue national qu'individuel, le salut de l'Etat ne pouvant jamais, par définition, consister dans la violation des règles de la morale.

Si au contraire, cet intérêt national est indépendant de la morale, la formule, encore une fois, est jugée.

« La Patrie avant tout ! »

Même avant la morale et la justice ?

Il ne semble pas douteux, par exemple, qu'au point de vue de l'intérêt national comme l'entend l'*Action française*,la France aurait tout avantage à conquérir la Belgique.

Devrait-elle le faire, même si on la laissait faire ? Je serais très heureux qu'on voulût bien répondre à cette question *d'une façon précise*.

De quel côté est l'intérêt national dans les conflits politiques et sociaux, surtout entre patrons et ouvriers ? Quels en sont les préceptes ?

Et que les difficultés d'application de la morale, déjà grandes dans beaucoup de cas individuels où il est encore plus difficile de discerner clairement son devoir que de le faire, soient d'une complexité formidable dans les cas collectifs ou sociaux, et surtout dans les conflits internationaux, nous ne l'ignorons point et on le comprend aisément. Mais ces difficultés ne seront pas plus facilement résolues si l'on parle au nom du Patriotisme ou de l'Intérêt national au lieu de parler au nom de la morale, le Patriotisme et l'Intérêt national ne pouvant avoir de valeur et nous obliger qu'autant qu'ils s'inspirent de la morale, et c'est donc toujours à la lumière de celle-ci qu'il nous faudra chercher les solutions.

Une simple substitution de mots, non seulement ne résout point les difficultés, mais les aggrave, au contraire, en les rendant plus confuses.

Quoi de plus vague que ces mots dès qu'on cesse de les rattacher à l'idée de justice ou de morale, commune mesure universelle pouvant seule relier les hommes, leur inspirer et au besoin leur imposer des devoirs et des sacrifices? Et ce n'est que pour la réalisation de cette idée, que par la force des choses encore plus que par leur propre volonté, ils se groupent et se fédèrent, en resserrant sans cesse sous toutes les formes et dans tous les sens, les mailles du réseau de la solidarité universelle. On ne se groupe point en patries pour piller, voler ou asservir les autres peuples, de quelques prétextes plus ou moins hypocrites que l'on se couvre, mais pour être plus forts et être ainsi en mesure de mieux se développer soi-même *tout en aidant au developpement des autres.* La morale étant prise comme commune mesure, les deux tâches ne sont point contradictoires ni même parallèles, mais concourantes.

C'est juste le contraire de la politique d'*Action Française*, en vertu de laquelle on ne peut s'élever qu'en abaissant les autres, politique faite de rivalités entre les groupes et entre les peuples, politique de Machiavel dans le mauvais sens du mot. Elle pouvait avoir sa place dans les républiques italiennes du Moyen-Age et de la Renaissance — et cela ne veut d'ailleurs pas dire qu'il faille l'approuver — rien ne saurait la justifier de notre temps *L'Action française* se trompe de temps et de lieu ; elle retarde pour le moins de trois siècles. D'aucuns prétendent même qu'elle retarde davantage.

X

L'Intérêt national condamne *l'Action française* et le duc d'Orléans à disparaître de la scène politique — La prière de Pie X au conclave — Le duc d'Orléans et la tradition royaliste — Le haine des Français pour l'ancien régime — La devoir des réactionnaires — Le choix entre deux cris de ralliement.

L'Intérêt national ou, ce qui revient au même, le patriotisme, précisé et entendu comme nous l'avons expliqué, n'est plus ainsi que l'idée de fraternité et de justice appliquée par les collectivités nationales, sous des formes intérieures et extérieures adoptées à chacune de ces collectivités et suivant ses contingences particulières, mais en s'inspirant toujours et en toutes. circonstances, de cette idée essentielle ou fondamentale, et des préceptes clairs et incontestés qui la traduisent.

Cela étant posé, il n'est pas sûr du tout que l'Intérêt national justifie la politique du duc d'Orléans et de *l'Action française*. Peut-être même, à y regarder de près, et bien au contraire. condamme-t-il *l'Action française* et le duc d'Oléans à disparaître de la scène politique.

Oui, je ne crois pas trop m'avancer en affirmant que le Patriotisme leur commande impé-

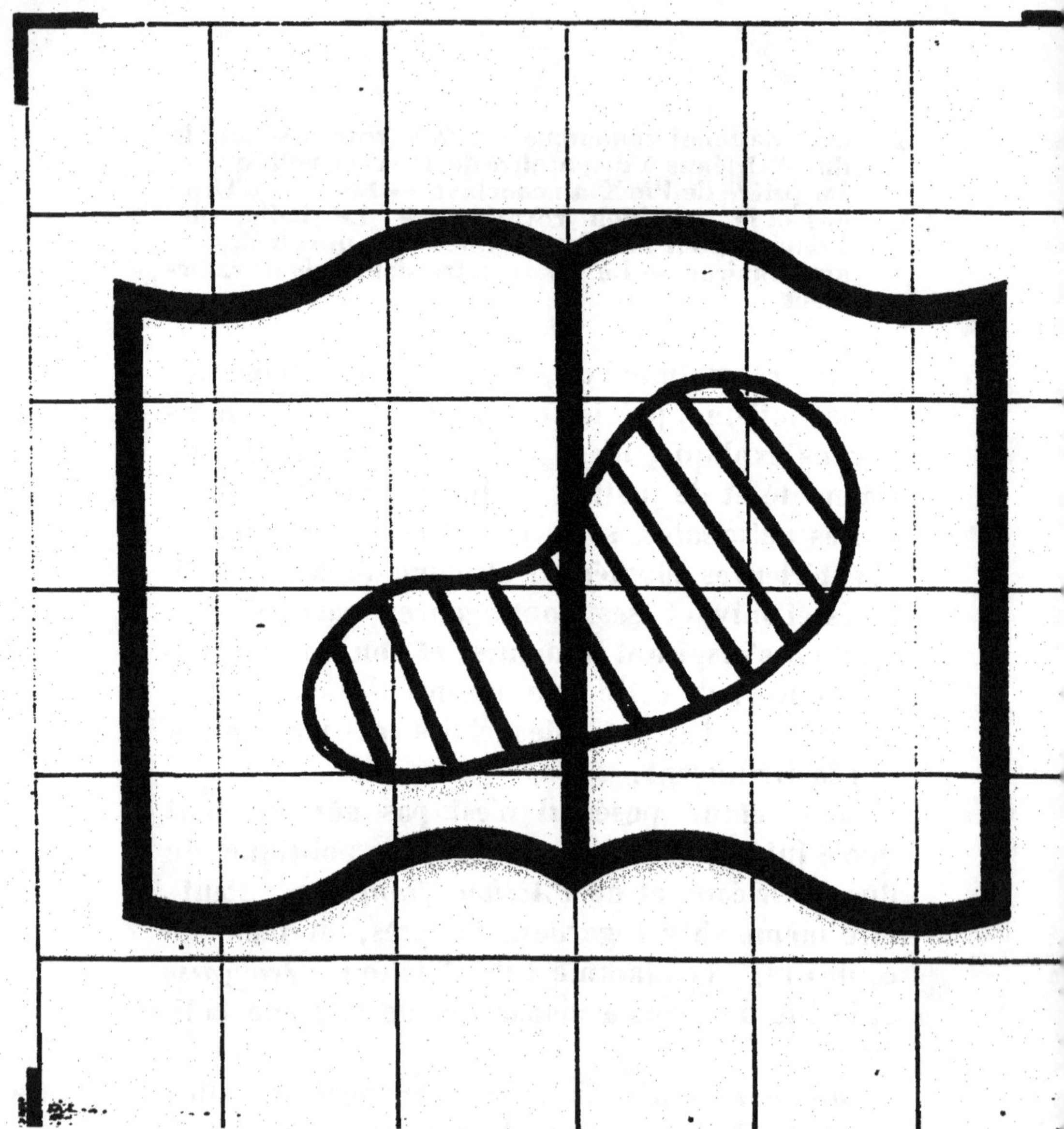

rieusement de s'effacer, et je ne désespère pas de le leur faire comprendre.

J'ai même l'espoir de les y décider.

Il est certain, en effet, qu'en présence de la complexité sans cesse croissante des problèmes politiques et sociaux, tout homme d'intelligence supérieure et de grand caractère, de haute conscience surtout, doit se rendre compte de sa petitesse et de sa débilité. Et il est non moins certain que cette homme n'ambitionnera jamais le pouvoir qu'il n'acceptera « qu'en tremblant » si les événements et un devoir impérieux le lui imposent

On raconte que pendant le conclave, le futur pape Pie X priait avec ferveur pour demander à Dieu d'éloigner de lui cette lourde responsabilité de la tiare qu'il ne se croyait pas assez fort pour supporter, et que du reste, il a ensuite acceptée vaillamment puisqu'elle lui était imposée.

Que l'on croie à Dieu ou que l'on n'y croie point, il semble bien que tout homme politique supérieur tel que je l'ai défini plus haut, devrait se trouver dans l'état d'âme de Pie X en présence des formidables responsabilités du pouvoir, et qu'il ne devrait les accepter que si elles lui étaient vraiment imposées par un devoir impérieux. Comment, en effet, ne pas reculer en tremblant, en songeant à ce que tout le peuple demande et attend, surtout en un temps où on lui a tout promis ou guère s'en faut, et au peu que peut faire un chef de gouvernement, si dévoué qu'il puisse être !

Mais ce devoir impérieux ne s'impose que tout à fait exceptionnellement, dans des cas extrêmement rares. Nul de nous n'est assez indispensable pour se croire tenu de faire le bonheur de ses concitoyens, et il est donc permis de penser que l'on peut, en toute conscience, se dispenser de se mettre en avant.

Le duc d'Orléans ne me paraît pas avoir, à cet égard, un devoir différent de celui de n'importe quel autre citoyen français, ou si toutefois il en est autrement, ce n'est peut-être pas dans le sens qu'il lui donne, bien au contraire, car il est, en effet, le seul de tous les citoyens français, qui, en toute conscience et par patriotisme ne devrait pas rechercher la possession du pouvoir.

Je suis, dit-il, l'héritier de quarante rois tombés face à l'ennemi, et de la tradition qui a fait la France grande et forte.

J'avoue ne pas comprendre ce qu'il veut dire avec ces quarante rois tombés face à l'ennemi. Je connais un peu l'histoire de France, comme tout le monde, et je n'ai gardé aucun souvenir d'un pareil massacre.

Quarante ! mais c'est que j'en vois même pas un, et du reste, je ne le leur reproche point.

Mais peut-être le duc d'Orléans veut-il dire que les rois, ses aïeux, sont morts dans leurs fonctions de roi, ce qui est assurément honnête mais ne paraît avoir rien de particulièrement méritoire. Beaucoup de braves gens qui meurent dans des mansardes ou sous les ponts, préféreraient sans doute mourir, comme les princes en question, derrière la « barrière du Louvre » dont parle le poète, et dans les mêmes conditions.

N'y aurait-il là qu'une de ces phrases vagues de la rhétorique politique, dont la place ne semblerait pas devoir être marquée dans les manifestes de ceux qui se proposent comme conducteurs de peuples.

Reste qu'il serait l'héritier et le continuateur de la tradition qui a fait la France grande et forte.

Je n'aime pas beaucoup. pas plus au point de vue public que privé. reprocher aux gens leurs ancêtres, car enfin, nous valons surtout par nous-mêmes et ce que nous valons. A une condition toutefois : c'est qu'on ne se réclame pas des dits ancêtres pour établir des choses inexactes ou se glorifier à tort.

Or, il serait peut-être excessif de se prévaloir de Philippe-Egalité pour prétendre qu'en votant le mort de Louis XVI, il a continué la dite tradition. Sans jeu de mots macabre, il semble plus logique de dire qu'il l'a coupée.

Je ne sache pas d'autre part, que Louis-Philippe, « roi des Français » sous un régime parlementaire, ait en rien continué la tradition de la vieille monarchie française.

Et je ne sache par davantage que le comte de Chambord, dernier héritier légitime, ait jamais consenti à investir officiellement les d'Orléans que les légitimistes purs ont toujours repoussés dédaigneusement.

Je ne parle point de la duchesse de Berry et de la conduite de Louis-Philippe à son égard, ni de la chronique de l'histoire encore plus ou moins dans la coulisse.

En disant ces choses, je n'ai point pour but d'être désagréable à un parti politique et à son chef, mais de rétablir simplement la vérité historique, du reste archi-connue, que ce parti, dans un but évident d'ambition non justifiée, semble vouloir faire oublier et même altérer.

Je les dis aussi pour m'efforcer de calmer les scrupules du duc d'Orléans au cas où il se croirait tenu de rechercher le pouvoir, en vertu d'une mission spéciale qui lui incomberait ou du devoir impérieux dont nous avons parlé.

Que le comte de Chambord crût avoir ce devoir — et il y a du reste noblement renoncé du moment qu'on ne lui a pas permis de le remplir dans toute la hauteur qu'il lui assignait, sans abdication — on peut le comprendre de son point de vue, et en toute hypothèse on ne peut que s'incliner devant un caractère si droit et si loyal.

Il n'en est pas de même du duc d'Orléans. N'ayant point les raisons du comte de Chambord, héritier d'un droit divin auquel il croyait et qui semblait avoir été consacré par toute la lignée antérieure, il peut se tenir coi en toute tranquillité d'âme. Rien ne l'oblige à assumer le lourd fardeau du pouvoir, et il est des raisons qui doivent le porter à y renoncer sincèrement et hautement, non pas tant pour en fuir les graves responsabilités que pour rendre service à ses compatriotes, par pur patriotisme.

Nous avons parlé plus haut des contingences spéciales à chaque pays, dans l'exercice individuel ou collectif de l'intérêt national ou du patriotisme, tout en restant toujours sur la base fondamentale de la morale.

Encore plus que toute autre nation, la France est à cet égard, dans une situation particulière.

La Révolution française a transformé pour elle de fond en comble les conditions de sa vie nationale.

Depuis cette époque, elle est à la recherche d'un nouvel équilibre que, visiblement, elle n'a pas encore trouvé. Ce que sera cet équilibre, l'avenir pourra seul nous l'apprendre, mais il semble à peu près certain qu'on y retrouvera en application, beaucoup d'idées dites anciennes, aujourd'hui condamnées, alors que d'autres idées, dites neuves, n'y figureront point.

Or ces idées anciennes, telles que le respect

absolu des principes fondamentaux d'autorité et de hiérarchie, par exemple, — lesquels d'ailleurs, se concilient fort bien avec les libertés les plus larges ou les plus étendues, (1) — le syndicalisme ou l'organisation professionnelle adaptés à notre temps et à nos conditions économiques, auraient sans doute, depuis longtemps déjà trouvé leur voie et leur application, si les Français ne se trouvaient pas dans un état d'esprit particulier.

Cet état d'esprit peut se traduire en gros par ce que l'on appelle « la haine de l'ancien régime », représenté aux yeux du Français par un mélange de hobereaux et de bourgeois cléricaux qu'il désigne d'un nom commun : les réactionnaires.

Et tout ce qui vient des réactionnaires ou est revendiqué par eux, lui est suspect, de par son origine même et sans autre examen. Tous les hommes sentent avant de penser, et l'immense majorité d'entr'eux se guident plutôt par les sentiments que par les idées et la raison pure. Il ne s'agit donc pas de savoir si cette haine est entièrement justifiée ou non, elle est, c'est là un *fait* considérable dont tout sociologue sérieux doit tenir compte. L'*Action française* fait elle-même dans sa doctrine, une assez large part aux

(1) Bien mieux encore : Il ne peut y avoir de vraie liberté que là où il y a autorité et hiérarchie. Sans ces deux facteurs, la liberté est purement verbale ; elle existe dans les mots mais non dans la réalité des choses.

faits et aux réalités, pour contester qu'il ne faille pas accorder à celui-là, l'importance qu'il mérite. Pour les Français contemporains, surtout pour ceux des nouvelles générations façonnées par l'école laïque, le réactionnaire c'est politiquement l'ennemi ; en conséquence, ils en repousseront les idées en bloc, y en eût-il de bonnes dans la quantité, comme ils repousseraient les présents d'Artaxercès ou le cheval de Troie. *Timéo Danaos*... Mais n'est-il pas très regrettable que celles de ces idées qui peuvent être bonnes soient ainsi rejetées, en raison de leur origine suspecte, sur de simples impressions ou sentiments, sans égard à leur valeur propre ? Idées essentielles, peut-être, fondamentales, et qui seraient si utiles à l'établissement de ce nouvel équilibre politique et social que nous n'avons pas encore trouvé !

C'est regrettable, sans aucun doute, et alors le devoir de ce personnel dit réactionnaire dont la, France, en très grande majorité, ne veut pas, est de dire : « Soit. Nous croyons ces idées bonnes et nous continuerons à les soutenir, mais afin que l'on ne nous suppose point inspirés par l'ambition du pouvoir ou l'intérêt personnel nous vous les proposons pour elles-mêmes et renonçons d'avance à toute part dans le gouvernement. Puisque votre état d'esprit est tel, qu'en incarnant ces idées en nous, nous constituons plutôt un obstacle à leur réalisation que nous ne leur apportons une force, nous nous effaçons avec un seul désir : puissiez-vous être heureux sans nous, car nous ne souhaitons que le bien de notre patrie. Et du moment qu'aucun devoir impérieux ne nous ordonne de faire votre bonheur malgré vous, il est facile de nous entendre. »

Peut-être ce discours paraîtra-t-il un peu nouveau à beaucoup de gens, mais cela ne veut sans doute pas dire qu'il serait mauvais, ni même héroïque, et je suis à peu près persuadé, quant à moi, qu'il n'est pas au-dessus du patriotisme des royalistes français et de leur chef, le duc d'Orléans.

Il ne faut pas dire : « *On rentre comme l'on peut* », cri de ralliement d'une élévation quelque peu médiocre et ne pouvant avoir que la signification suivante : « Je veux le pouvoir à tout prix *par tous les moyens* », mais : « On est patriote comme l'on doit, » suivant les circonstances. En l'état actuel de la France, il ne semble point que le duc d'Orléans et ses partisans puissent l'être autrement que je ne l'ai expliqué.

XI

Un article de M. Aulard. — La fibre de l'égalité : plus de trône, de titres et d'apparat. La nouvelle nuit du 4 août. — Mauvaise observation psychologique. — La tactique violente de *l'Action française*.

D'un article de M. Aulard, paru le 31 décembre 1908 dans la *Dépêche de Toulouse*, j'extrais les lignes suivantes : «... La France est devenue étrangère au sentiment royaliste, absolument étrangère, tranquillement étrangère... Je ne veux pas dire qu'il n'y ait plus de royalistes chez nous. Il y en a. Mais la masse du peuple français ne sait plus ce que c'est que le royalisme ».

Les royalistes pourraient presque se réjouir si l'état d'âme de la France à leur égard, était bien celui que dépeint M. Aulard, mais la vérité est beaucoup plus grave pour eux : la France n'est pas étrangère au sentiment royaliste, elle lui est hostile, ce qui est bien différent. Et si elle ne sait plus, en effet, ce qu'est au juste le royalisme, elle *croit* qu'il était *et qu'il ne pouvait être* que le privilège et l'abus. Passe encore pour l'abus, elle s'en accommoderait peut-être, parce que les Français ont une tendance générale à le croire inévitable, mais ce qui la rend nettement hostile, c'est le privilège. Sur ce point, la fibre de l'égalité qui est la fibre dominante chez le Français, qui est même tout le Français contemporain, se sent touché au vif et le fait se raidir, buté à son idée, inaccessible à tout raisonnement contraire.

Pour rester dans le cadre de l'étude que je me suis proposée je ne discuterai pas tout ce que l'on peut dire pour et contre cette idée, historiquement, scientifiquement et rationnellement. Je me bornerai à faire ressortir un point qui, somme toute, la justifie, un point qui donne raison au Français dans son sentiment anti-royaliste.

Cette justification se trouve dans *l'appareil* du régime qu'on lui propose et qui est le même que celui de l'ancien régime, en lequel, lui, Français contemporain, incarne le privilège et l'abus.

Côté laïque : il déteste tous ces titres nobiliaires blessant ses sentiments d'égalité, tous ces ducs, marquis, comtes et barons qui, comme autrefois, se presseraient autour du trône, puisque sauf quelques exceptions, ils sont tous royalistes, tous « les émigrés qu'il (le roi) ramènerait à sa suite », suivant une expression de M. Georges Deherme, le fondateur des universités populaires.

D'ailleurs, pourquoi un trône ?

Pourquoi donner de l'Altesse ou de la Majesté à de simples mortels qui sont souvent très loin d'être majestueux ?

Il n'a même plus voulu du titre d'Excellence

pour ses Ministres, et voilà qu'on lui parle de reconstituer la Cour de Louis XIV.

Côté religieux, faisant, aux yeux du Français, essentiellement partie du régime royaliste : encore des Grandeurs et des Eminences, des monseigneurs, révérendissimes, éminentissimes et illustrissimes, de l'or et de la pourpre, tout un apparat d'un autre âge, sans aucun rapport, d'ailleurs, avec la simplicité évangélique.

Ces gens-là veulent donc toujours abaisser les autres ?

Voilà ce que dit le Français et je ne crois pas qu'il soit facile de lui donner tort, encore que pour ma part, je ne me sente pas gêné outre mesure par tous ces titres ou appellations. Je ne les en condamne pas moins sans réserves, comme je condamne toute manifestation de la vanité humaine, surtout chez ceux qui sont appelés à servir de guides ou d'exemples.

Mais, dira-t-on, sous ces titres, il y a des principes, et ces principes sont nécessaires.

J'en conviens pour quelques-uns et même pour beaucoup, les principes d'autorité et de hiérarchie, par exemple, ou d'autres principes fondamentaux indispensables à toute société et tels que je les ai définis dans mes ouvrages, mais je ne vois pas du tout la nécessité de les incarner dans un appareil social et gouvernemental aussi archaïque que celui qu'on nous propose. Un président de l'Etat Français ou un *pré-*

sident de France, pourra les appliquer aussi avantageusement qu'un roi de France et sera beaucoup plus en harmonie avec notre temps, qui, dans le dit appareil, sera tenté de voir de plus en plus une espèce de mascarade.

Et que le Français ait tort ou raison, peu importe après tout, il le croit ainsi, c'est un fait.

Or, j'imagine, puisque les royalistes français se disent patriotes, voire même les seuls vrais patriotes, et que ces principes leur tiennent au cœur, qu'ils désirent les voir appliquer dans l'intérêt de leur pays, et que faisant plus de cas du fond que de la forme, ils sont prêts à sacrifier cette dernière. En tout état de cause et même à leurs yeux, je pense qu'elle ne saurait jamais avoir qu'une importance très secondaire et qu'ils y renonceront joyeusement, par patriotisme, puisque telle paraît être la condition nécessaire pour la mise en application des dits principes. Il y a, du reste, un précédent.

A quand la nouvelle nuit du 4 août, et vraiment sérieuse, cette fois ? Quand pourra-t-on dire sans que personne en soit surpris, sans avoir l'air d'un envieux ou d'un malotru : Monsieur Philippe Orléans, comme on dit monsieur Pierre Durand ou monsieur Joseph Dupont, monsieur l'évêque, comme on dit M. le préfet ?

Les royalistes allègueront-ils que cet état esprit du Francais n'est point immuable et qu'on le peut redresser ?

Immuable, non, sans doute, mais profond. très profond, j'oserais même dire consubstantiel, désormais. Voici plus d'un siècle, en effet, qu'il a commencé à passer dans le tempérament national, et voici bientôt deux générations qu'il s'y incruste à fond.

« Laissez-moi l'éducation de deux générations, disait Leibnitz, et je me charge de *refaire* le monde. »

C'est ce que les royalistes français ne semblent pas encore avoir compris. Ils oublient que depuis bientôt trente ans surtout, les enfants de l'école primaire — c'est-à-dire la grande masse des futurs citoyens – sucent la haine de l'ancien régime dans leurs manuels, aussi naturellement, aussi automatiquement qu'ils suçaient quelques années auparavant le lait de leurs mères. Je suis constamment stupéfait, quant à moi, en lisant leurs journaux ou leurs discours, en entendant leurs propos, de constater à quel point ils ignorent la psychologie de ce peuple qu'ils se proposent de reconquérir, et notamment celle des nouvelles couches. Leur ignorance apparaît surtout lorsqu'ils veulent faire de la popularité, et l'*Action française* elle-même en fait fréquemment, malgré sa doctrine anti-démocratique fondamentale lorsqu'elle rend hommage « à l'esprit généreux, au clair bon sens, à la justice du peuple », ou qu'elle s'efforce de gagner les milieux ouvriers qui, du reste, tout en acceptant parfois son concours, lui déclarent de très haut qu'ils ne sont pas dupes de son jeu.

Oh ! oui, voilà le gros obstacle, l'obstacle insurmontable, on peut le dire en toute assurance, se dressant devant le royalisme ou plutôt devant l'*appareil* du royalisme : les deux générations entièrement façonnées dans un esprit hostile et qui ne comprennent même pas qu'on puisse encore leur parler de ce qu'elles considèrent comme un fossile. Sans doute on reviendra, comme je l'ai déjà dit, à certaines idées essentielles ou fondamentales indépendantes de toute forme de gouvernement, et que l'esprit moderne avait cru pouvoir condamner — et c'est ce qui provoque l'adhésion de certains intellectuels à l'idée monarchique — mais en les adaptant à des formes politiques nouvelles et sans que jamais on puisse espérer en France, faire revivre les formes anciennes.

Le Roi de France est mort et bien mort, et le roi des Français l'est tout autant.

Mais d'ailleurs, pourquoi les royalistes essayeraient-ils de redresser la mentalité française sur ce point ? Estiment-ils que ces formes soient indispensables et que sans elles les principes nécessaires ne puissent pas être appliqués ?

Les Français, encore une fois, ne veulent plus de l'ancien appareil, et même s'ils ont tort, on se heurte là à un fait contre lequel il est vain de lutter. En s'entêtant, les royalistes ne peuvent que retarder l'application des principes qui leur sont chers, au grand détriment de leur patrie. J'ai expliqué où est leur devoir.

Faisons une hypothèse : supposons, ce qui n'a rien d'invraisemblable, la branche cadette des Bourbons, celle des d'Orléans, éteinte comme la branche aînée. En résulterait-il, en nous plaçant sur le terrain même des royalistes français, qu'il serait alors impossible d'organiser en France, un gouvernement concevable ? En d'autres termes, le sort d'un grand pays peut-il jamais être lié indissolublement à une famille ? Il serait ridicule de le prétendre, et les royalistes eux-mêmes n'ont du reste qu'à se rappeler les changements de dynasties.

Or, si les d'Orléans ne sont pas inexistants, ils sont désormais impossibles en France, ce qui revient au même. Cela étant, je pose la question suivante aux royalistes français et plus particulièrement à l'Action française : « Si la branche cadette des Bourbons venait à s'éteindre actuellement, quel serait, à votre sens, le gouvernement qui conviendrait le mieux à la France ? Et surtout quel pourrait en être le chef, comment pourrait-il être désigné, étant donné l'état d'esprit de l'immense majorité des Français, donc la nécessité *de fait* qui s'impose ? »

Je serais heureux qu'à cette question précise on fit aussi une réponse précise.

Pour le surplus, je ne crois point que la tactique violente de l'*Action française* et de ses partisans, soit de nature à leur gagner beaucoup de sympathies en dehors de leur petit clan. Devant cette attitude, on les soupçonne de vouloir prendre le pouvoir beaucoup plus par ambition et soif de domination, que par sentiment du devoir et soif d'apostolat. De vrais apôtres seraient plus doux, surtout des apôtres prêchant le respect de l'autorité et de l'ordre. Ils exposeraient leur manière de voir ou ce qu'ils croiraient être la vérité parce qu'ils croiraient avoir le devoir de le faire, et de même, comme je l'ai expliqué précédemment, ils prendraient le pouvoir, le cas échéant, s'il leur était vraiment imposé par les événements mais ils ne seraient pas dans cet état de perpétuelle indignation que même une vertu personnelle absolument parfaite n'autorise point (1), et qui ne passe jamais pour la marque des hommes de gouvernement vraiment supérieurs.

Mais d'ailleurs, il ne s'agit plus seulement d'une méthode. C'est une question fondamentale qui est en jeu, à savoir que c'est un devoir de conscience pour les d'Orléans et les royalistes

(1) Et il n'est peut-être pas interdit de supposer que les royalistes français, qui vitupèrent avec véhémence et sans arrêt, contre les vices ou l'indignité de leurs adversaires, ne méritent pas tous le prix Montyon, fussent-ils adhérents à l'*Action française*. Pour ma part, je suspecte toujours *a priori* les gens qui clament leurs qualités ou leur honnêteté à tous les échos. La véritable vertu est modeste et indulgente.

français, de renoncer par patriotisme, à tout rôle politique.

D'autre part, c'est aussi un devoir de conscience pour les catholiques français *dirigeants*, de désavouer hautement l'*Action française* dans sa campagne anti-dreyfusienne, et dans le sens que j'ai indiqué.

Ce sont là les deux cas de conscience que j'ai voulu envisager dans cette étude.

Aux intéressés de répondre.

TABLE DES MATIÈRES

I

La campagne de l'*Action française* à propos de l'affaire Dreyfus. — La foi des Camelots du Roi. — Renversement du problème. — L'état d'esprit des membres directeurs de l'*Action française*. — La responsabilité des catholiques français.. 3

II

La brochure de l'abbé Pichot et le livre de Léon Chaine que les catholiques français dédaignèrent d'écouter. — Mes tentatives personnelles : entretiens avec François Coppée, Paul Bourget, Etienne Lamy et Edouard Drumont. 12

III

L'Inquisition et l'affaire Dreyfus. — Silence coupable de l'*Action libérale populaire* et de certains journaux catholiques. — Un grave danger pour un avenir rapproché : la jeunesse des écoles menacée. — La sentence d'un nationaliste. — Le « roi vengeur » et les alarmes de M. Arthur Meyer. . . . 21

IV

Les thèses ingénieuses de M. Charles Maurras. — Programme fondamental de l'*Action française :* discorde intérieure et discorde extérieure. — Une leçon du prince de Bulow. — La conscience des catholiques : ses coupables accommodements et ses indignations suspectes. — « L'affaire » Jeanne d'Arc. — Un évêque ironiste ou exigeant.— Expériences qu'on ne saurait recommencer indéfiniment. 31

V

Le point de vue de M. Etienne Lamy. — Fréquentes interventions de la Cour de Rome dans les affaires intérieures des Etats. — Léon XIII et le Ralliement. — Des évêques polémistes semblant avoir plus de fougue que de jugement. — Une encyclique qui eût été opportune. — Une niaiserie qui a tourné en drame mondial. 41

VI

Le fameux article 445. — Trois cas de psychologie. — Dreyfus et la Cour d'assises. — Le respect des formes juridiques. 50

VII

Un vice fondamental de notre organisation politique. — Jurys et conseils de guerre incompétents et irresponsables. — Décentralisons sans séparer. — L'erreur de Montesquieu. — Lois de circonstance . . . 58

VIII

Dès le suicide d'Henry, le gouvernement aurait dû intervenir politiquement dans l'affaire Dreyfus. — La charrette Edouard Drumont, Charles Maurras, Georges Berry. — Le sacrifice volontaire de Dreyfus. — Le dernier prophète. — La formule du « roi vengeur » et son application logique. — Les inquiétudes légitimes de M. Arthur Meyer. 67

IX

Les formules vagues de M. Charles Maurras. — Du rôle de la morale dans la politique. — La Raison d'Etat et l'Intérêt national. A trois siècles en arrière. . 75

X

L'Intérêt national condamne l'*Action française* et le duc d'Orléans à disparaître de la scène politique. — La prière de Pie X au conclave. — Le duc d'Orléans et la tradition royaliste. — La haine des Français pour l'ancien régime. — Le devoir des réactionnaires. — Le choix entre deux cris de ralliement. . . . 83

XI

Un article de M. Aulard. — La fibre de l'égalité : plus de trône, de titres, d'apparat. — La nouvelle nuit du 4 août. — Mauvaise observation psychologique. — Une question précise. — La tactique violente de l'*Action française*. 92

ANGOULÊME
IMPRIMERIE L. COQUEMARD ET Cie

www.ingramcontent.com/pod-product-compliance
Lightning Source LLC
LaVergne TN
LVHW020333230826
846091LV00003B/858

9782012882898